中国的绿色发展

禹湘 庄贵阳 编著

总 序

习近平总书记指出:"中国发展道路,就是中国特色社会主义道路。我们走这条道路,是历史的选择、人民的选择。"

中华人民共和国成立70多年来,特别是改革开放40多年来,中国人民沿着这条道路取得了举世瞩目的成就。中国已成为世界第二大经济体,14亿人民生活不断改善,创造了人类减贫史上的奇迹,中华民族实现了从站起来、富起来到强起来的伟大飞跃。

回望,是为了更好地出发。"辉煌中国"丛书,旨在全面反映中国各领域发展成果,特别是党的十八大以来党和国家各项事业发生的历史性变革和取得的巨大成就,深刻解读自中华人民共和国成立以来党和人民的奋斗实践,深刻解读中国历史性变革中蕴藏的内在逻辑,讲好中国共产党故事,讲好新中国故事,讲好新时代中国特色社会主义故事。

公路成网、铁路密布、高坝矗立、西气东输、南水北调、神舟飞天、嫦娥奔月、蛟龙入海、高铁纵横,世界第一制造大国出品的大国工程、大国重器,给了我们中国底气。

人民幼有所育、学有所教、劳有所得、病有所医、老有所养、住有所居、弱有所扶,物质文明和精神文明双丰收的行业成就,处处彰显了中国实力。

经济特区、沿海开放城市、自由贸易试验区、少数民族地区、特色旅游城市,多姿多彩的中国省市释放出中国活力。

工程重器、行业成就、省市发展，见证了中国人民筚路蓝缕、砥砺奋进，沿着中国道路一路走来的不易与艰辛，也见证了中国的今天，是中国人民干出来的。

眺望，是为了找到前行的方向。2021年是中国共产党成立100周年，在中国特色社会主义进入新时代的当下，在"两个一百年"的交汇期，中国人民正在中国共产党的领导下，为把中国建设成为富强民主文明和谐美丽的社会主义现代化强国而奋斗。希望这套书能够帮助我们在见证中国辉煌成就的同时，站在新的历史方位，踏上新的征程。

中国外文出版发行事业局局长
2020年12月

前 言

中国特色社会主义新时代是中国发展新的历史方位，走新时代的中国绿色发展之路，是时代大势的必然选择，也是立足新发展阶段、贯彻新发展理念、构建新发展格局的必然要求。绿色发展是实现人与自然和谐的新的高质量发展模式，构建出全面解决人民日益增长的美好生活需要和不平衡不充分的发展之间的矛盾的基本路径。绿色发展集中体现了中国政府带领中国人民创造更加幸福美好生活的不懈追求，阐明了新时代建设中以人民为中心、增进人民福祉、促进人的全面发展和社会全面进步作为经济社会发展的根本目的。

中国政府在建设社会主义现代化的实践中，对人与自然关系的认识不断深入，对生态文明建设规律的把握不断深化，逐渐探索出一条生产发展、生活富裕、生态良好的新时代中国绿色发展之路。历经 40 年改革开放，我国已经取得了举世瞩目的经济发展成效，但所面临的资源环境问题比发达国家更为复杂和严峻，探寻更智慧、更有效率、更环境友好以及资源节约的可持续发展路径，寻求经济增长方式和发展路径的创新，始终是我国发展的首要任务。在对符合可持续发展理念的经济高质量发展新模式的积极探索中，中国通过大力推进生态文明建设，清晰地描绘出绿色发展的轨迹和蓝图。绿色低碳循环发展已成为新时代社会主义建设与治国理政的重要内容和途径。

中国共产党的十九大报告明确指出了生态安全的重要性，提出要"坚定走生产发展、生活富裕、生态良好的文明发展道路，建设美丽中国，为人民创造良好生产生活环境，为全球生态安全做出贡献"。随着政府为主导、企业为主体、社会组织和公众共同参与的多元协同环境治理体系构建，以及生态农业、生态工业、生态服务业等绿色经济的发展壮大，我国在生态安全顶层设计、主体建设、措施机制、监督执行等各个方面获得了长足的进步，全面保障社会经济生态安全，为绿色发展筑牢了生命线与安全网。

实现社会主义现代化和中华民族伟大复兴是新时代的总任务，建设人与自然和谐共生的现代化构成了绿色发展的主要特征与内容。绿色发展观从"道法自然"等蕴含生态智慧的中华文明中来，随着中国对可持续发展的有益探索不断演进升级，最终形成了一种基于现代化的处理人和自然关系的思想体系。人与自然是命运共同体，绿色发展必须正确处理人与自然的关系，不断满足人民日益增长的对优美生态环境的需要，以现代化统领人与自然关系，使二者的关系由协调发展走向和谐共生，有效解决生态环境与经济发展的矛盾，通过实现绿色发展为底色的社会主义现代化，为人民群众提供更美好优良的生活环境。

"绿水青山就是金山银山"既是绿色发展的形象描述，又是绿色发展的高度概括，其萌生于实践，贯彻于行动，在中国的绿色发展中不断丰富与完善，逐渐凝练成为新时代绿色发展的基本原则和治国理政的基本方略。通过安溪、广元、丽水等一个个鲜活的案例，"两山"论的理论体系在实践中得到验证并逐渐完善，从治国理政的基本方略上升为重要国策，成为指导中国加快生态文明建设的重要指导思想和习近平治国理政思想的重要组成部分，为我们从根本上科学认知生态文明、践行生态文明提供了价值遵循和实践范式。

党的十八大以来，习近平总书记从生态文明建设的整体视野提出"山水林田湖草沙是生命共同体"的论断，强调"统筹山水林田湖草沙系统治理"，"全方位、全地域、全过程开展生态文明建设"。山水林田湖草沙作为生态子系统能够为人与自然生命共同体提供生态系统服务功能，其内部又包含了生态、社会、经济三重属性。在中国绿色发展的理念下，自然界充分释放了提供生态系统服务的特质，也被充分挖掘其不同属性的自然资本价值，在政策和实践中实现"整体保护、系统修复、综合治理"。

作为有责任、有担当的发展中大国，中国在全球经济复苏乏力，以及经济社会发展与环境制约因素矛盾日渐突出的战略环境下，始终坚持在做好自身发展工作的同时，为全人类的发展和福祉贡献中国力量。中国积极参与全球环境治理，倡导绿色发展为主旨的国际交流合作，全力推进绿色"一带一路"倡议，认真落实2030年可持续发展议程。中国同世界各国加强合作，共同努力，构建尊崇自然、绿色发展的经济结构和产业体系，共谋全球生态文明建设之路，实现世界的可持续发展和人类的全面发展。

人类共有一个地球，建设绿色家园是全球共同的梦想。中国的绿色发展之路，不仅是新时代中国特色社会主义建设的必由之路，也是全球生态安全和可持续发展的重要探索，为世界各国谋求互利共赢的气候治理新方案，为化解全球环境危机提供了新的机遇与发展模式，对构建全球生态文明理论框架、政策制度、治理模式发挥出示范性与建设性作用。

本书基于中国社会科学院创新工程研究重大项目"推进新时代生态文明建设与绿色发展战略研究"的研究成果编写，感谢中国社会科学院生态文明研究所创新工程项目组各位同事的参与和支持。

目 录

第一章 生态兴则文明兴——中国的绿色发展之路 / 001
一、文明迭代取决于人与自然关系认知的变化 / 002
二、绿色发展是新时代中国特色社会主义的重要内容 / 005
三、绿色发展以提升人民的福祉民生为中心 / 007
四、绿色发展重在提供优质生态产品并释放生态红利 / 009
五、中国对全球绿色发展的贡献和引领 / 017

第二章 筑牢生态安全屏障 / 021
一、生态安全是实现绿色发展的生命线 / 022
二、中国综合推进生态安全体系建设 / 036
三、中国多元主体共同维护生态安全 / 042

第三章 人与自然和谐共生的现代化 / 051
一、人与自然和谐共生现代化是绿色发展新格局 / 052
二、人与自然和谐共生是现代化发展的目标 / 055
三、人与自然和谐共生现代化的中国实践 / 064

第四章 绿水青山就是金山银山 / 073

一、绿水青山就是金山银山成为绿色发展的新理念 / 074

二、既要绿水青山，又要金山银山 / 088

三、宁要绿水青山，不要金山银山 / 098

第五章 山水林田湖草沙是生命共同体 / 109

一、山水林田湖草沙系统治理是绿色发展的新模式 / 110

二、山水林田湖草沙是与社会经济系统的协同共治 / 111

三、山水林田湖草保护修复工程的试点示范 / 115

第六章 推进绿色"一带一路"倡议 / 127

一、以政策沟通扩展绿色合作 / 129

二、以设施联通优化绿色基础设施项目 / 131

三、以贸易畅通提升绿色发展水平 / 134

四、以资金融通推动产业绿色升级 / 136

五、以民心相通共谋民生福祉 / 138

第七章 落实 2030 年可持续发展议程 / 141

一、以生态文明建设推动落实 2030 议程 / 142

二、中国推动落实 2030 议程的战略和行动 / 143

三、建设可持续发展议程创新示范区 / 148

第八章 积极应对气候变化实现碳达峰碳中和 / 153

一、落实《巴黎协定》的相关行动安排 / 154

二、实现碳达峰和碳中和的承诺 / 158

三、积极推进全球气候治理进程 / 163

四、通过南南合作引领发展中国家开展气候行动 / 165

第九章 中国积极参与全球环境治理 / 171

一、全球环境治理是实现绿色发展重要途径 / 172

二、中国深度参与全球环境治理 / 174

三、为全球环境治理做出中国贡献 / 185

第十章 共谋全球绿色发展之路 / 189

一、"共谋、共建、共赢"是全球绿色发展的目标 / 190

二、中国共谋全球绿色发展之路的时代价值 / 193

三、中国共谋全球绿色发展的探索与展望 / 195

参考文献 / 198

GREEN

第一章

生态兴则文明兴——
中国的绿色发展之路

DEVELOPMENT

绿色、低碳、循环发展已经成为当今世界经济发展的潮流趋势,是世界各国实现可持续发展的关键举措。[1] 从国际经验来看,绿色经济、低碳经济和循环经济等概念的兴起和广泛传播并非偶然现象,它反映了各国在经济社会发展过程中对处理经济发展与生态环境保护之间的思索与实践,反映出公众对美好环境和美好生活的需求,其本质是人类探索符合可持续发展理念的经济高质量发展的新模式。

新中国成立70年来,中国对绿色发展的认识和实践不断深化。以习近平总书记为核心的党中央把"坚持人与自然和谐共生"作为新时代坚持和发展中国特色社会主义的基本方略之一。在习近平生态文明思想的有力指导下,中国生态环境保护取得了举世瞩目的伟大成就,绿色发展也被赋予了新内涵、提出了新要求。

一、文明迭代取决于人与自然关系认知的变化

在人类文明发展史的演进迭代中,人们逐渐认识到,经济发展与生态环境保护具有内在统一的辩证关系。人类社会文明形态的发展,经历了从原始文明到农耕文明到工业文明的发展阶段,在人类社会文

---

[1] 解振华, 潘家华. 中国的绿色发展之路. 北京: 外文出版社, 2018.

明不断演化迭代过程中，人类对于人与自然关系的认识不断深入，走向理性，趋于成熟。在原始文明时期，人类无条件地依附自然，主要靠简单的工具采集、渔猎而获取生活资料。在原始人类看来，自然力是一种神秘的、超越一切的东西；在农业文明时期，人类广泛利用自然，主要靠农耕畜牧稳定地获取自然资源，以支撑自身发展，人与自然之间的关系处于相对平衡状态；在工业文明时期，认识自然、改造自然的工具、技术、能力不断增强，人类对自然界的开发和利用超过了其承载能力，造成生态环境破坏，也不断遭到自然界的报复。曾经璀璨的古埃及、古巴比伦文明的衰落，都与生态环境恶化有关。曾经辉煌一时的楼兰古国，由于环境和时势变迁，也最终淹没在自然和岁月的风尘之中。历史考古研究表明，人类文明的兴衰，关键的因素还是在于人类自身，在于人类如何对待自然、对待社会。

绿色经济、低碳经济和循环经济等概念的兴起和广泛传播并不是偶然现象，而是环境问题与经济决策和政策相互渗透的必然趋势，反映出社会公众对更好的环境和更高的生活质量的需求。在二战后五六十年代，部分工业发达国家发生了以"八大公害事件"为代表的恶劣环境污染事件，严重影响了经济发展和社会稳定，由此引发了一系列反对污染环境的社会运动。

这也引发了西方社会对经济发展生态化的探索。早在1946年，英国经济学家希克斯提出了绿色GDP的思想，其认为只有当全部资本存量随时间保持不变或增长时，这样的发展方式才是可持续的。1962年，蕾切尔·卡逊的《寂静的春天》问世，其巨大的争议引发了人类群体环境意识的觉醒。1966年，美国经济学家肯尼思·鲍尔丁提出了"宇宙飞船经济学",其认为地球经济系统就像是一艘宇宙飞船,是独立存在的系统,依靠不断消耗自身资源而存在,只有实现资源的循环利用,地球家园才能得以长存,[2]这成为循环经济思想的开端。19世纪晚期的第二次工业革命,世界由"蒸汽时代"进入"电气时代",煤炭、石油成为重要的资源,生产力进一步迅猛发展,物质财富加速积累,科学技术也取得了长足进步。与此同时,也消耗了大量自然资源,造成了严重的环境污染。尤其是进入20世纪后,随着资源消耗日渐超过自然承载力、污染排放也逼近环境容量的阈值,环境与发展之间的矛盾日益尖锐。1972年,罗马俱乐部所提交的各种报告揭示出人类社会的发展不可避免地给环境承载力带来挑战,而这种承载力是存在极限的。1987年,世界环境与发展委员会发布《我们共同的未来》,第一次系统提出可持续发展的概念。1989年,英国经济学家大卫·皮尔斯等在《绿色经济蓝图》报告中首次采用"绿色经济"的描述,认为绿色经济是以市场为导向,以传统产业经济为基础,以生态环境建设为基本产业链,以经济与环境的和谐为目的而发展起来的经济形式。

联合国环境规划署(UNEP)在其发布的《绿色经济报告》中,对绿色经济给出的定义是"从长期来看,能够使人类的福利水平改善,使不平等程度降低,同时不会使后代面临环境风险和生态稀缺性的经济形式"。2003年,英国发布能源白皮书《我们能源的未来:创建低碳经济》,此后低碳经济被国际社会广泛关注。2000年前后,德国和日本等国家率先实践循环经济和循环型社会。2015年,《欧洲的循环

---

[2] 王海芹,高世楫. 我国绿色发展萌芽、起步与政策演进:若干阶段性特征观察[J]. 改革, 2016, (03): 6-26.

经济机遇》咨询报告发布，循环经济继绿色经济和低碳经济后，也成为国际上备受关注的替代性经济发展模式。至此，绿色经济、低碳经济和循环经济分别从环保、能源和资源角度对人类经济发展模式进行了反思，在本质上都是探索符合可持续发展理念的经济发展模式。

二、绿色发展是新时代中国特色社会主义的重要内容

绿色、低碳、循环发展也成为我国可持续发展的战略选择。历经40年改革开放，我国已经取得了举世瞩目的经济发展成效，但所面临的资源环境形势比发达国家更为复杂和严峻，探寻更智慧、更有效率、更环境友好以及资源节约的可持续发展路径，寻求经济增长方式和发展路径的创新，成为我国发展的首要任务。

在1992年里约环发大会之后，我国提出了"中国环境与发展十大对策"，明确指出必须走可持续发展的道路，这是我国的必然选择。1994年，我国发布了第一个国家层面的《中国21世纪议程》，从具体国情入手系统提出了我国可持续发展的总体战略、对策以及行动方案。2003年，我国提出了科学发展观，强调以人为本和可持续发展。2011年3月，全国人大发布《中华人民共和国国民经济和社会发展第十二个五年规划纲要》，首次提出"绿色发展，构建资源节约型、环境友好型社会"。2012年，党的十八大报告高瞻远瞩地提出了"着力推进绿色发展、循环发展、低碳发展"，大力推进生态文明建设的要求。中共十八届五中全会明确了"创新、协调、绿色、开放、共享"五大发展理念。2017年，党的十九大提出了"贯彻新发展理念，建

设现代化经济体系""建立健全绿色低碳循环发展的经济体系"的任务。坚持经济社会发展必须建立在资源得到高效循环利用、生态环境受到严格保护的基础上，经济社会发展需要与生态文明建设相协调，探索出节约资源和保护环境并行的空间格局、产业结构以及生活、生产方式。中国通过大力推进生态文明建设，清晰地描绘出绿色发展的轨迹和蓝图。绿色低碳循环发展已成为中国治国理政的重要内容和途径。

与国际社会比较，我国在绿色低碳循环发展方面几乎与国际同步，我国没有缺席1972年召开的第一次人类环境大会，积极参与1992年里约环发大会以及其后每10年召开的可持续发展峰会，在历次气候变化大会上都成为重要的角色，从绿色低碳循环发展的参与者和贡献者逐渐成为国际社会的引领者。更难能可贵的是，除政策层面的参与和引领外，我国在实践层面更是成为不可或缺的力量。我国有着世界上规模最大、种类最多和发展最快的工业体系，工业领域的绿色低碳和循环发展为我国经济发展的转型升级做出了巨大的贡献，同时也表现出特色鲜明的中国模式。例如，在低碳发展领域，我国更加侧重行业性减排，在五年规划纲要中设立6项节能减排约束性指标，密集出台节能减排综合性工作方案、节能减排五年规划、控制温室气体排放工作方案、大气污染防治行动计划等，将节能减排目标分解落实到各地区和万家重点用能单位等。在循环发展领域，我国并没有像德国和日本一样侧重在消费领域和废物端，而是通过出台循环经济发展战略和近期行动计划，在园区循环化改造、城市矿产建设、示范县（市）建设、再制造和标准化试点等全方位系统推进。在绿色发展领域，我国通过"大气十条""水十条"和"土十条"，以综合举措来系统推进。可以看出，我国对于绿色低碳循环发展的推进既有着系统的顶层设计，也有着大量的示范试点，通过两端同时发力来系统推进经济发展的转型。

三、绿色发展以提升人民的福祉民生为中心

随着中国经济的快速发展，发展不平衡不充分的问题凸显，在绿色发展方面，尤其是生态环境领域存在短板，广大人民群众的获得感还不强，这也成为满足人民日益增长的美好生活需要的主要制约因素。2021年中国经济总量达114.4万亿元人民币，稳居世界第二，占全球经济比重预计超过18%；人均国内生产总值80976元，按年平均汇率折算达12551美元，已经达到中等收入国家水平。时任中国国家统计局局长宁吉喆表示，中国经济总量达到110万亿元是一个标志性事件，人均GDP也相应提高，这意味着中国综合国力、社会生产力、人民生活水平进一步提升，也意味着中国发展基础更牢、条件更优、动力更足，同时也为全球发展贡献中国力量。[3]可见，人们从解决最基本的生存需要，从满足最初的物质和文化饥渴，转向追求更加美好的环境与生活。习近平总书记说过，"环境就是民生，青山就是美丽，蓝天也是幸福"。因此，从民生角度看，不仅要创造更多的物质和精神产品，而且要提供更多的优质生态产品，来满足人民日益增长的对

---

[3] 宁吉喆: 2021年中国人均GDP已超过世界人均水平. http://www.me89.com/30152.html.

美好生活，特别是对美丽环境的需求。良好生态环境是最公平的公共产品，是最普惠的民生福祉。随着中国经济社会逐渐进入高质量发展阶段，大气、水、土壤等与公众感受密切相关的指标的作用越来越大，且需要在生态文明建设评价体系中增加反映民生福祉的相关生态环境指标，使生态环境指标能够更多地关照公众对环境质量的主观感受，从而使生态文明建设更加贴近民心。例如，增加公众反映强烈且与公众日常生活密切相关的空气质量、饮水质量、声音环境、垃圾处理、市容环境等相关指标，[4] 而且要增加上述指标在生态文明建设评价指标中的权重，突出生态环境民生指标的地位，使与民生福祉直接相关的生态环境指标具有更强的代表性。只有在生态文明建设中实现绿色发展与公众生态环境感受趋同，才能体现出生态文明建设造福于民生福祉的成果优势，不再出现绿色发展投入与公众感受相悖的局面。人民对美好生活的向往，就是中国人民的奋斗目标和建设发展的任务。近年来，随着我国生产力水平明显提高和人民生活显著改善，人民群众期盼享有更优美的环境。不顾生态环境保护的生产力，不是先进生产力。只有更加重视生态环境这一生产力的要素，更加尊重自然生态的发展规律，保护和利用好生态环境，才能更好地发展生产力，在更高层次上实现人与自然的和谐共生。

建设提供良好生态环境的生态文明是关系民生福祉的根本性问题，关乎中华民族永续发展的未来。可持续发展目标中增加民生福祉相关指标，突出优良的生态环境是核心的民生福祉，牢固树立以人民

---

[4] 李庆. 基于空间相关性的公众生态环境满意度研究 [J]. 生态经济, 2019, 35(12): 147-152.

为中心的理念，做到发展为了人民、发展依靠人民、发展成果由人民共享。因此把生态文明建设融入我国经济、政治、文化和社会建设的各方面、全过程，才能最终实现良好生态环境、提高民生福祉，这是生态文明建设的最高追求目标之一。因此，中国推进绿色发展，就要坚持基本民生观。保护生态环境，关系最广大人民的根本利益。坚持以人民为中心的绿色发展思想，增加优质生态产品供给，满足人民群众对良好生态环境的新期待，提升人民群众获得感和幸福感，关系中华民族发展的长远利益，是功在当代、利在千秋的事业。

四、绿色发展重在提供优质生态产品并释放生态红利

在全球经济增长动能不足、生态环境受到严重破坏、气候变化风险加大等诸多人类共同面对的挑战面前，新旧动能转换成为世界经济复苏繁荣的关键。中国经过改革开放 40 年的发展，以要素驱动、投资驱动为主的发展道路已遇瓶颈，传统经济增长动能日渐乏力，必须依靠提高发展质量，寻求新的经济增长动力，在绿色转型的基础上实现可持续发展。

工业化高速发展阶段，人们通常把经济增长和生态环境保护对立起来，认为生态保护是成本，是经济发展的负担，经济增长与绿色发展之间的矛盾难以调和。以资源环境为代价的工业化满足了人民对农产品、工业品、服务产品的需求，甚至出现了过剩，但清新的空气、洁净的水体、美丽的森林、多样化的物种、宜人的气候等自然的生态产品的供给出现短缺，成为新时代经济社会发展需要补齐的短板。中

国近年来，通过生产和提供生态产品以及具有生态属性和品质的产品和服务带来就业增量、经济增长和民生福祉，获得生态红利。生态红利主要源自生态资产的保值增值和生态负债的减少而提升的生产力所形成的社会收益。[5]中国正在全面建成小康社会，人民对改善生态环境的要求越来越强烈，就更需要构建起以生态产品为线索的绿色发展新引擎，释放生态红利。

首先，打造绿水青山发展生态红利。对于退化的绿水青山，能够自然修复的，自然恢复优先；自然修复困难的，通过生态创新，投入资本和劳动力并和生态技术相结合，以科学手段加速打造绿水青山。

其次，培育绿色发展新动能获取生态红利。良好的生态环境，是最基础最普惠的共享经济；绿色低碳，是扩大生态产品生产和提供服务新的增长点；生态资产的增值、生态负债的消除所带来的就业和经济增长，所释放的生态红利，日益成为满足人民生态环境美好生活需要和更加充分发展的新的而且持续的动能源泉。

第三，深化生态文明体制改革，激活和释放生态红利。从市场层面上来讲，结合供给侧结构性改革的深化需要建立一种提供绿色供给的激励机制，包括将生态环境价值评估纳入绿色国民经济核算体系。同时继续改革国家和地方干部考核制度，督促各级政府以正确的政绩观落实新发展理念，鼓励各地开展绿色竞争。通过发展绿色金融，来有效支撑，尤其要助力传统制造业转型升级，壮大节能环保产业、清洁生产产业、清洁能源产业，促进资源全面节约和循环利用，降低能耗和物耗。

---

[5] 潘家华. 提供生态产品 增值生态红利 [N]. 经济参考报, 2017-10-23.

第四，消费模式转变，发现和拓展生态红利。服务业已占我国经济的半壁江山，消费成为经济增长主要驱动力。良好的生态经过人们的消费偏好选择，通过市场实现的价值和收益就是生态红利。分布式能源、纯电动汽车、垃圾分类，如果没有消费者和公众的参与，生态红利就没有市场。生态红利是具有生态属性的产品和服务，当前是中高端收入群体的消费品，也会逐渐进入寻常百姓人家。因此要促进绿色消费，激活市场，扩大供求，来实现生态红利。[6]

第五，生态创新，推广应用生态技术放大生态红利。目前很多城市正在开展生态修复城市修补工作。生态修复，主要是加强市域范围内水生态、林田生态、自然山体等的保护和修复，构建市域"山、河、田、城"的生态基地。城市修补，是加强对城市功能的完善、城市品质的提升和人文魅力的彰显，为人们提供宜业宜居的现代化城市。从国际趋势看，欧洲城市寻求基于自然的解决方案（Natural-based Solutions），建设绿色基础设施，通过墙体绿化、绿色廊道等措施实现建筑节能，减少城市热岛效应和大气污染。基于自然的解决方案是一种受自然激发、持续受到自然支持并利用自然的解决方案，旨在高效利用资源，解决各种社会挑战的同时提升经济、社会和环境效益，相对于纯技术的解决方案，其理念与我国提出的"生态优先、绿色发展"道路不谋而合。

第六，控制污染，改善环境，消除生态负债，保护生产力，复原生态红利。治理历史积累的大气污染并非轻而易举、一蹴而就，必须

---

[6] 习近平. 决胜全面建成小康社会 夺取新时代中国特色社会主义伟大胜利 [N]. 人民日报, 2017-10-28.

雄安新区建设

建立长效机制。长期依靠行政手段保障减排效果具有不可持续性，必须加快促进新旧动能的转化，培育绿色发展动力。以河北为例，当前正处在转型升级、爬坡过坎的关键时期，既面临着去产能、治污染、调结构等艰巨任务，也面临着建设雄安新区、京津冀协同发展、北京

携手张家口举办 2022 年冬奥会等重大机遇。各地要深入贯彻绿水青山就是金山银山，保护环境就是保护生产力，改善环境就是发展生产力的发展理念，通过转变生产方式和消费模式，推动我国绿色发展和绿色崛起。

京津冀经济圈

张家口崇礼太子城冬奥会体育场馆

冬奥会北京首钢大跳台

五、中国对全球绿色发展的贡献和引领

人类共有一个地球，建设绿色家园是全球共同的梦想。习近平总书记呼吁"各国人民同心协力，构建人类命运共同体，建设持久和平、普遍安全、共同繁荣、开放包容、清洁美丽的世界"，[7] 指出"构筑尊崇自然、绿色发展的生态体系，始终做世界和平的建设者、全球发展的贡献者、国际秩序的维护者"。中国在致力于国内生态文明建设的同时，以负责任大国的形象维护全球生态安全，用先进的理念和积极的行动诠释全球可持续发展观，逐渐成为全球绿色建设的重要参与者、贡献者和引领者。

虽然中国仍处于并将长期处于社会主义初级阶段的基本国情没有变，中国是世界最大发展中国家的国际地位也没有变，但中国作为负责任的大国，构建人类命运共同体的先进理念，为中国及世界各国的绿色发展指明了方向。近年来，中国已经实施了全方位、大力度、开创性的生态文明建设实践，把生态文明建设作为"十三五"规划的重要内容，落实创新、协调、绿色、开放、共享的发展理念，探索从工业文明向生态文明的转型。中国的生态文明建设涉及价值理念、目标导向、生产和消费方式等方面，是全方位的绿色发展转型。中国的生态文明转型承担人类社会的共同责任，在全球治理中发挥建设性作用，促进人类社会的包容性增长和共赢发展。中国在实现工业化的进程中同步实现经济增长与生态繁荣，这是对全球生态安全的直接贡献。国际学者认为，如果中国的生态文明建设取得成功，将会彻底改变世界

---

[7] 范正伟. 新思想, 贯穿十九大报告的灵魂 [N]. 人民日报, 2017-10-19.

发展的路径，甚至会重塑西方国家的生态价值观。[8]虽然生态文明目前还处于理想阶段，但是其广泛的指引作用值得肯定。[9]虽然中国在绿色发展的道路上还有很长的路要走，但是各项政策都清晰地指明，中国生态文明建设会成为中国绿色发展的新模式和新路径。[10]2016年5月，联合国环境规划署发布《绿水青山就是金山银山：中国生态文明战略与行动》[11]报告，向全世界介绍了中国生态文明建设的指导原则、基本理念和政策举措，特别是将生态文明融入国家发展规划的做法和经验，这表明中国决心依靠绿色低碳循环的发展道路，走出工业文明发展范式困境，为实现全球生态安全和可持续发展提供了中国智慧和方案。2017年11月出席波恩气候大会的中国气候变化事务特别代表解振华指出，过去10多年的实践证明，中国正在探索一条应对气候变化、保护环境与实现经济增长多赢的发展路径。2016—2019年，全国单位GDP能耗累计降低13.2%，累计节约约6.5亿吨标准煤，减少二氧化碳排放约14亿吨。2020年，我国进一步优化能源结构，全国非化石能源消费比重提升到15.9%，比2005年提升了8.5%，对煤炭消费的依赖显著下降，能源结构优化取得了明显成效。2020年

---

[8] John Bellamy Foster. Maximums, Ecological Civilization and China[ER/OL]. https://mronline.org/2015/06/12/foster120615-html/, 2015-06-12.

[9] Arran Gare. From 'Sustainable Development' to 'Ecological Civilization': Winning the War for Survival[J]. Natural and Social Philosophy, 2017, (13).

[10] Cribb Julian. Green China: In pursuit of rebuilding as 'an ecological civilization' [ER/OL]. https://mahb.stanford.edu/blog/green-china/, 2017-06-13.

[11] "Green Is Gold: The Strategy and Action of China's Ecological Civilization," UNEP Research Report, May 26, 2016, https://reliefweb.int/report/china/green-gold-strategy-and-actions-chinas-ecological-civilization, 2018-01-20.

我国碳排放强度比 2015 年降低了 18.8%，比 2005 年降低了 48.4%，超过了向国际社会承诺的 40%—45% 的目标，基本扭转了二氧化碳排放快速增长的局面。[12]

我国在实现国内绿色发展的同时，也努力参与全球环境治理，积极履行国际环境公约，并取得了显著成效。借助绿色"一带一路"建设、南南合作项目等，共享发展和保护经验，推动中国的绿色技术和绿色标准"走出去"。倡导构建人类命运共同体，谋求互利共赢的气候治理新方案，为化解全球环境危机提供了新的机遇与发展模式。在此过程中，中国生态文明思想熠熠生辉，对构建全球生态文明理论框架、政策制度安排发挥了建设性作用。

未来，中国要以更加积极的姿态高举生态文明建设的旗帜，参与全球气候与环境治理，调整角色定位，主动引导构建人类命运共同体，倡导应对气候变化责任共担，引领发展中国家开展应对气候变化工作，让中国绿色转型发展的红利惠及其他发展中国家，为全球气候安全和可持续发展做出积极贡献。

---

[12] 寇江泽. 我国为全球气候治理作出突出贡献. 人民日报, 2021-10-28.

GREEN

第二章

筑牢生态安全屏障

DEVELOPMENT

维护生态安全[1]是实现绿色发展的重要组成部分，是衡量绿色发展水平的重要尺度。如果说绿色发展的最高目标是人与自然和谐共生、生态系统良性循环，那么生态安全则是绿色发展的底线。生态安全既包括传统意义上的环境风险，如大气、水资源和土壤污染造成的环境风险，还包括生物多样性面临的风险和生态系统安全问题。党的十九大报告明确指出了生态安全的重要性，提出要"坚定走生产发展、生活富裕、生态良好的文明发展道路，建设美丽中国，为人民创造良好生产生活环境，为全球生态安全做出贡献"，并从维护生态安全的角度提出了建立健全绿色低碳循环发展的经济体系、着力解决突出环境问题，确保大气、水资源和土壤安全，加大生态系统保护力度，落实应对地质灾害、改革生态环境监管体制统一，行使所有国土空间用途管制和生态保护修复职责等与生态安全相关的举措。

一、生态安全是实现绿色发展的生命线

　　中国是世界上自然灾害频发的国家之一，其基本特征是灾害种类多、分布地域广、发生频率高、损失程度严重。我国三分之二以上的

---

[1] 生态安全的内涵是指支撑一个国家或地区经济社会生存与发展的良性循环的生态系统，以及具有应对重大生态风险、确保经济社会安全运转的能力。

国土面积受到洪涝灾害威胁，特别是山地、高原等区域极易受洪涝灾害影响，导致滑坡、泥石流、山体崩塌等地质灾害频繁发生。中国灾害种类多、发生频率高，是世界上遭受自然灾害最严重的国家之一。2008年汶川8.0级特大地震及南方雨雪冰冻灾害、2010年西南旱灾及青海玉树7.1级地震、2012年"7·21"北京特大暴雨、2015年新疆暴雪等灾害事件给经济社会发展带来了严重损害，造成了人民生命财产的重大损失。中国民政部和国家减灾委员会办公室联合公布的数据显示，"十二五"期间（2011—2015年），各类自然灾害年均造成我国约3.1亿人次受灾，紧急转移安置受灾人员约900多万人次，因灾死亡和失踪1500余人，农作物受灾2700多万公顷，房屋倒塌近70万间，直接经济损失达3800多亿元。

我国的生态安全问题主要表现在土地资源安全、大气污染、水资源安全以及生物物种安全等四个方面。

目前我国土地资源面临的生态安全问题主要有土地退化、耕地数量减少和耕地污染等。根据我国在16个国家级重点预防区和19个国家级重点治理区中的76.43万平方公里的监测面积检测结果显示，2017年我国水土流失面积占监测面积的39.3%，为30.04万平方公里。[2] 整体来看水土流失的绝对数较大，土地荒漠化和沙化问题突出，耕地红线的坚守任务艰巨。

十八大以来我国的大气环境得到明显改善，但总体情况仍不容乐观，部分地区大气污染问题还很严重。《2018年全国生态环境质量简况》

---

[2] 2017年中国水土保持公报 [EB/OL] . http://www.cnscm.org/stbcgg/zgstbcgb/201808/W020180830502381446081.pdf.

中显示，2018年全国338个地级及以上城市中，仅有35.8%的城市空气质量达标，超标的城市数量占64.2%。[3] 重点区域在秋冬季重度污染情况频发，随着大气污染治理边际效应递减逐步显现，产业结构、能源结构以及运输结构的调整和优化仍需要一个过程，继续大幅改善空气质量的难度增加。[4]

水资源问题历来是制约我国发展的关键生态问题。从总量来看，中国的水资源总量位居世界第六位，约3万亿立方米，但从人均拥有量来看，仅为世界人均拥有量的30%，约2100立方米，属于联合国划定的水资源短缺国家。[5] 我国水资源脆弱性的另一个表现是空间分布不均衡，西部地区干旱少雨，西南地区地理环境导致储水难，同时水利工程不足；东部地区降雨多，但水质状况不优。

生物物种多样性是生态安全的重要物质基础，2011年至2017年间的观测结果显示，50%以上的鸟类和两栖动物种群数量减少，且哺乳动物和蝴蝶的生存环境并没有得到改善。《2017年中国生态环境状况公报》中显示，评估中的34450种高等植物，受威胁的高达3767种，约占评估总数的10.9%。除海洋鱼类外的4357种已知脊椎动物中，有21.4%受到威胁。[6] 我国生物物种安全形势非常严峻，亟须加强生物多样性的保护。

---

[3] 生态环境部发布《2018年全国生态环境质量简况》[EB/OL]. http://www.mee.gov.cn/xxgk2018/xxgk/xxgk15/201903/t20190318_696301.html.

[4] 人大常委会审议2018年度环保报告——目标全部完成 形势依然严峻 [N]. 人民日报, 2019-04-22 (004).

[5] 沈镭, 张红丽, 钟帅, 胡纾寒. 新时代下中国自然资源安全的战略思考 [J]. 自然资源学报, 2018, 33(05): 721-734.

[6] 同上。

我国人口在近现代迅速增长,但是科技和生产力的落后,使得人与自然间的矛盾日益尖锐。我国大量森林因为开垦荒地和伐木为薪而逐渐消失,也使得野生动物的栖息地范围逐渐缩小。英国历史学家马克·伊文用"大象的退却"作为书名来形象地概括出了我国在传统农业社会的4000年里的环境变迁历史。即使是在农业文明时代,我国也已经出现过严重的生态危机现象。特别是在18和19世纪,受气候变化、人口增长和经济商业化的影响,大量森林消失,尤其是岭南地区由于森林砍伐过度,导致以华南虎为代表的物种逐渐走向灭绝。美国历史学家彭慕兰甚至认为,19世纪出现的严重生态约束已经成为当时中国经济发展的阻碍。相比之下,当时面临类似问题的西欧国家通过开采地下化石能源以及从海外进口原材料的措施,有效缓解了工业化进程对当地生态环境的破坏,成功地进行了工业革命。由于对人与自然关系认知的偏差,我们在工业化进程中一度以"人定胜天"的激情和激进理念开发、利用自然,虽然在经济建设中取得了巨大成就,但是也付出了资源和环境损失及破坏的沉重代价。[7]2020年3月,云南省西双版纳境内的16头野生大象离开家园,沿着普洱、墨江、玉溪一线悠然自得地北上,到达昆明市边。野生大象群的这次"长途旅行"受到了日本、美国、英国等国家的关注,大量国内外媒体全程跟踪报道。在镜头中,大象自由自在,旁若无人地走在公路上,甚至到村落中、居民区大吃大喝。人们未做出任何伤害大象的举动,只是驱离、诱导和保护。事实上,南非、肯尼亚、泰国以及英国、美国等全球研

---

[7] 王波, 禹湘. 西方生态伦理理论:辨析及启示[J]. 教学与研究, 2019, (09): 105-112.

究大象的科学家都在关注此事，部分科学家建议将这些大象麻醉后转运，表示愿意参与转运处理，并有保障大象安全的经验。中国政府与有关部门谢绝了类似的建议，表达了人与自然是命运共同体，我们应该最大限度避免人象冲突，保持大象相对的、野外的自然状态，用自然界的方式解决生物突发事件的意愿。

经过500多天的旅行，象群悠然南归，安然无恙地返回了自己的栖息地。大象的旅行，造成了世界性的轰动，世界各国的人们从真实的镜头中看到了中国通过几十年的绿色发展，已经摘掉了贫困的帽子，优美的自然环境与富足的人民生活同时出现在全世界的视线中。更为难得的是我们对大象以及自然的包容，彻底摒弃了以抓捕大象来显示"人类对自然的胜利"这一错误观念，以实际行动阐述了"人与自然是一种共生关系"的理念。

云南峨山县野生亚洲象群北迁

新疆克拉玛依白杨河大峡谷

内蒙古赤峰克什克腾旗草原

尽管对生物多样性和邻里生物多样性保护（biodiversity conservation in our neighborhood）等方面还有很多工作要做，但是这次大象旅行集中展示了我国兼顾环境与经济的绿色发展理念，让外国友人真实、直观地感受到了中国在生态保护、脱贫攻坚、发展经济等方面的成就，也赢得了国际社会的一致好评与赞誉。

渤海辽东湾湿地风貌

自然生态系统是一个动态系统,能够通过自我调节来维持自身的生态平衡。但是,如果来自外界的干扰超过自然生态系统的自我恢复极限,自然生态系统就会退化甚至到面临崩溃的边缘,从而导致生态系统结构受到破坏、生态服务功能逐渐衰退。中国第八次全国森林资源清查(2009—2013)结果显示,我国的人均森林面积仅占世界人均森林面积的25%,森林覆盖率远远低于世界的平均水平。我国质量较好的宜林地仅占总数的10%,而质量差的宜林地占54%,有近三分之二的宜林地位于条件相对较差的西部地区,造林难度较大,投入成

本较高，每公顷蓄积量远低于世界平均水平。我国森林资源质量较低，森林生态系统服务功能脆弱。此外，我国草地质量也整体偏低，2016年我国一级草原和二级草原面积仅占我国草原总面积的 6.1%，而质量较差的五级草原至八级草原面积却高达 76.3%。[8] 我国近岸海域水质级别为一般，当前滨海湿地不断减少，滨海滩涂生态服务功能退化，野生生物栖息地逐渐消失，自净与减灾能力下降。

---

[8] 刘俊霞. 新时代我国生态安全维护问题研究 [D]. 东北师范大学, 2019.

北戴河湿地风光

辽宁红海滩辽河口三角洲湿地

二、中国综合推进生态安全体系建设

近年来防灾减灾救灾工作的法制化体制建设取得了显著进展，2016 年 3 月国务院办公厅印发《国家自然灾害救助应急预案》，对应急响应的适用范围、启动条件、启动程序及响应措施等进行了调整和完善。此外，《国家综合防灾减灾十三五规划》（2016—2020 年）在"加强工程防灾减灾能力建设"部分，列举了防汛抗旱、防震减灾、防风抗潮、防寒保畜、防沙治沙、野生动物疫病防控、生态环境治理、生物灾害防治等防灾减灾骨干工程建设，包括江河湖泊治理、河道治理、控制性枢纽和蓄滞洪区建设、城市防洪防涝与调蓄设施建设。

改革开放以来，中国经济社会发展取得了巨大进步，人们的物质生活和文化生活水平日益提高，从而使相对滞后的生态安全问题凸显出来，由环境引发的群体性事件逐年升级，发展与人口资源环境之间的矛盾日益突出。针对出现的生态安全问题，近年来采取了各种治理与防治措施，取得了可喜成效。

大气、水、土壤污染防治三大行动计划相继实施，多项前所未有的改革攻坚举措连续推出，污染防治攻坚战被确定为决胜全面建成小康社会三大攻坚战之一。环境监测数据日益准确，通过全面设点、全国联网来监测点位的污染物浓度，实现了空气质量指数"真、准、全"，为防污治污提供了科学依据。随着排污许可制度改革的不断推进，我国对企事业单位排污行为的管理不断加强。2017 年，全国 11 个省级环保部门和 6 个市级环保部门率先试点排污许可证申请与核发措施，截至 2018 年年底累计发放近 4 万张排污许可证。同时，固体废物进口管理制度改革不断深化，禁止洋垃圾入境成为污染治理的标志性举措，2018年全国固体废物进口量同比减少52.8%。[9]

2014年4月中国环境领域的"基本法"《环境保护法》时隔25年得以修订。《大气污染防治法》《土壤污染防治法》《水污染防治法》等法律的出台，不断完善了我国应对生态风险的法律制度体系。生态保护红线划定逐渐落实，在具有重要生态功能、必须严格保护的重要生态空间划定了生态保护红线。此外，完善和建立国家公园体制，为推动国家公园建设，先后出台三江源、东北虎豹、大熊猫、祁连山等国家公园体制试点方案，保护自然生态系统的原真性和完整性。建立健全主体功能区制度，不断扩大"多规合一"省域改革试点范围，推动编制自然资源资产负债表等相关工作。环境减灾目标是防止产生新的灾害风险和减少现有的灾害风险，为此要采取综合和包容各方的经济、法律、社会、卫生、文化、环境、技术、政治和体制措施，防止和减少危害暴露程度与受灾脆弱性，提高恢复力。

自20世纪90年代开始，中国逐步建立防灾减灾相关法律体系，基本原则是一事一法，应对地震、火灾、洪旱、台风、泥石流、沙尘暴等常规自然灾害已经有专门法律和条例。"十四五"期间，中国亟须制定"生态安全基本法"等综合性相关法律，确立自然灾害应对目标、应急机制、预警机制、协调机制、评价体系，完善防灾信息体系以及突发公共事件应对机制。

---

[9] 刘毅, 孙秀艳, 寇江泽. 建设人与自然和谐共生的现代化. 人民日报, 2019-01-09.

成都都江堰熊猫保护研究中心

东北虎豹

三江源国家公园

三江源国家公园

三、中国多元主体共同维护生态安全

人—社会—自然是一个复合生态系统，自然生态与社会生态密切相关。自然生态问题的解决，有赖于经济增长方式和人们生活、消费模式的改变。人类与自然是一种共生关系，人与自然是生命共同体。必须遵循生态系统的内在规律，坚持节约优先、保护优先、自然恢复为主的方针，给自然留下休养生息的空间。中国近年来致力于构建政府为主导、企业为主体、社会组织和公众共同参与的多元协同环境治理体系，这对于各界共同维护生态环境系统安全具有重要的现实意义。

首先，应强化地方政府的生态安全责任意识，树立正确的政绩观，加强对环境保护与监管的力度。强化生态风险意识，正确认识保护环境与发展经济的关系，实行环保一票否决制，加大环保投入力度，及时向公众公开环保政策与信息。其次，要增强企业生态安全社会责任意识，建立企业社会责任评价体系，推动公众监督企业行为。环保标准积极与国际接轨，推动企业资源环保，增加环保设备技术研发投入。第三，发挥环保社会组织在维护生态安全中的重要作用。建立健全组织设立与监督机制，提高相关组织专业化水平，广泛吸收各行各业的专业人才参与组织活动，增强组织与政府、企业、同类组织的合作等等。最后，鼓励个人形成绿色生活方式与消费观念。

经济的发展面临着自然环境的瓶颈，只有坚持经济与生态和谐发展，才能实现二者平衡，实现可持续发展。要发展生态农业、生态工业、生态服务业等绿色经济。发展生态农业，首先要发现和利用农村生态资源，因地制宜发展有机农业、低碳农业、循环农业等生态农业；其次要提升农业科技含量，减少农业污染，提高资源利用率，提高农业生产的集约化和规模化，有效利用耕地，节约水资源。发展生态工业，一方面要推进工业领域的绿色化改造，加强生态技术的研发，促进工业生产过程中的资源循环利用；另一方面要培育新型生态工业，加快新兴绿色工业发展，如风电、生物质能等新能源发展。发展生态服务业，要大力发展生态旅游、生态物流、环境保护等低碳环保的服务产业。[10]

此外，要增强生态保护力度，一方面着力解决突出的环境问题，如防治大气污染、水污染、土壤污染等严峻的环境污染问题；另一方面要加大对生态系统的保护力度，着力构建生态安全屏障体系，以生态功能区为支撑，以自然条件基础为骨架（如江河湖海、山脉丘陵等），实施重大生态修复工程，保护生物多样性，防止外来物种入侵，切实保护重要生态系统与濒危物种。

按照党的十九大精神，加快形成环保法律体系，维护生态安全。建立健全维护生态安全的法律体系，需完善顶层设计，科学界定各个主体在维护生态安全问题上的责任与义务，修订修补缺失与空白的法律条款，从而形成完整的生态安全保护法律体系。同时，要强化法律的监督与执行力度，严打地方保护主义，加强基层执法队伍建设。

深化科技体制改革，建立绿色技术创新机制，完善科技管理运行制度，破除机制障碍。要培育和支持绿色技术创新主体，发挥财政政策对生态技术创新的支持和引导作用，提高税收的绿色化程度，增加补贴金额；不断完善绿色技术融资机制，促进社会资金的广泛投入，

---

[10] 刘俊霞. 新时代我国生态安全维护问题研究 [D]. 东北师范大学, 2019.

及时为绿色生态技术的研究开发提供资金支持和保障，通过政策与资金支持，鼓励市场开展绿色技术创新研发，吸引生态技术高端人才；加强重大科学技术问题研究，开展环保领域关键技术攻关，加强对生态技术应用研究的政策和资金支持，促进在核心技术领域取得成果。

树立生态环境保护的理念，培育生态安全文化。挖掘优秀传统文化中"天人合一"的理念，广泛在全社会范围内培育生态道德观理念，并创作大众化的生态文化作品，将生态文化渗透到生活的方方面面。加强宣传教育，把生态安全教育纳入国民教育体系和干部教育培训体系中，并作为素质教育的内容之一，推动和鼓励以创新方式组织举办世界环境日、世界地球日、世界森林日等主题宣传教育活动，增强和培育居民的生态安全意识。

库布其沙漠是中国第七大沙漠，但是生态环境恶劣居于首位，曾有"死亡之海"的别称。30多年来，尤其是党的十八大以后，生态文明和绿色发展理念像是磁铁的两极，将政府、企业、社会组织、人民群众紧紧结合在一起，大家共同以极大的决心和毅力保护生态、治理生态，库布其沙漠的治理面积达6460平方公里，涵养水源240多亿立方米，创造了5000多亿元生态财富，使10万沙区农牧民过上幸福生活，实现了从"沙进人退"到"人沙对峙"再到"人进沙退"的战略转变，诞生了世界上唯一被整体治理的沙漠，创造了沙漠变绿洲的世界奇迹，被联合国确定为全球首个"生态经济示范区"，铸就了"守望相助、百折不挠、科学创新、绿富同兴"的"库布其精神"。[11]

---

[11] 柳兰芳, 阿古达木. 改革开放以来科技与生态的嬗变研究[J]. 科学管理研究, 2021, 39(04): 35-42.

库布其的治沙奇迹，是以习近平生态文明思想为指引，推进美丽中国建设的生动实践。严重荒漠化的自然环境和风沙肆虐的气候环境一度是制约库布其沙区生产生活和经济发展的枷锁。从1988年杭锦旗盐场从每吨盐的收入中支出5块钱来种树的"五块钱治沙计划"，到在政府支持性政策引导下的当地企业集群产业化治理，库布其逐步形成了"经济推进治理，治理带动经济"的可持续发展思路，逐步建立了一二三产业融合型生态产业综合体系，构筑了生态修复、生态光伏、生态健康、生态牧业、生态旅游、生态工业"六位一体"的生态产业圈，在增加沙区农牧民群众收入的同时，有效解决了生态治理所需资金的可持续性问题，初步实现了环保与经济的共生和双赢。

在当地党和政府的支持下，头部企业出资统一建设安置房以及配套的养殖大棚和种植大棚，为统一搬迁出来的36户农牧民改善生活条件，优化生产设施，引导农牧民在参与沙漠治理的同时，发展集约化种养殖业，搞好农家乐、牧家乐旅游产业，将原本贫困的农牧民家庭年收入提高到20万元以上，真正实现了脱贫致富。

依托30年来生态治理的成果，响沙湾的沙漠形态已经固定，生活区全部实现植被覆盖，沙丘流动掩埋旅游设施的情况消失了，游客安全自在地享受着沙漠旅游带来的乐趣。2017年响沙湾景区共接待游客86万人次，收入1.8亿元。为了更好地保护和发展生态旅游经济，达拉特旗银肯塔拉生态景区积极引入新技术，利用生物基可降解聚乳酸沙袋沙障为沙丘披上网状的外衣，锁住流沙，种上绿树。障体材料在10年左右可完全生物降解，实现零残留和零污染，提升了旅游产业的环境韧性，为绿色经济的长效收益奠定了基础。

库布其沙漠治沙奇迹

库布其沙漠治沙奇迹

从 2008 年到 2018 年，库布其沙漠生态旅游景区累计接待游客近 1200 万人次，实现收入 24.6 亿元。环境治理成果打造的沙漠旅游产业，成为驱动鄂尔多斯市经济高质量发展的一大引擎，也成为人民生活提高的重要支撑。

几代库布其治沙人以"愚公移山"的精神，在沙海中淘金，成功地走出了一条美丽生态与富裕生活共同发展的绿色之路。2017 年，《联合国防治荒漠化公约》第十三次缔约方大会在鄂尔多斯市召开，库布其成为向世界展示中国生态文明与绿色发展理念的名片。"库布其治沙"的经验、技术、模式、理念走出国门，走进了"一带一路"沿线国家和地区，为全球生态治理提供了中国智慧和中国样本，成为与全世界共享绿色发展的宝贵经验。

GREEN

第三章

人与自然和谐共生的现代化

DEVELOPMENT

实现社会主义现代化和中华民族伟大复兴是新时代的总任务。人与自然是命运共同体，绿色发展必须正确处理人与自然的关系，不断满足人民日益增长的对优美生态环境的需要，才能逐步实现现代化。习近平总书记提出，"我们要建设的现代化是人与自然和谐共生的现代化，要创造更多物质财富和精神财富以满足人民日益增长的美好生活需要，也要提供更多优质生态产品以满足人民日益增长的优美生态环境需要。"[1] 实现人与自然和谐共生的绿色发展虽然解决了生态环境与经济发展的矛盾，但是这种和谐也要以实现现代化为目标，通过实现现代化给人们提供更优良的生活质量，人与自然和谐不是要回到过去在自然面前的消极和无作为状态，而是进一步解放生产力和发展生产力，实现经济发展和生态保护的双赢，并最终通过发展现代化的生产方式将生态优势转化为生产力。

一、人与自然和谐共生现代化是绿色发展新格局

中华民族是全世界范围内唯一以国家形态，同根同种存留几千年

---

[1] 习近平.决胜全面建成小康社会 夺取新时代中国特色社会主义伟大胜利——在中国共产党第十九次全国代表大会上的报告.新华网,2017-10-27. http://www.xinhuanet.com/politics/19cpcnc/2017-10/27/c_1121867529.htm.

的民族，中华文明里蕴含着深刻的生态智慧。中国古代的生态观起源于远古时代人民对自然的崇拜与敬畏，作为华夏文明主流思想的儒释道均提出了一系列精辟的有关"天人观"的论断。例如，儒家天人观的主旨为"天人合一"，肯定了天地万物的内在价值，主张以仁爱之心对待自然。道家的始祖老子提出："人法地，地法天，天法道，道法自然。"其认为世界上的一切都从"道"产生，"道"即宇宙的本原。庄子则进而强调："天地与我并生，而万物与我为一。"认为人不过是自然界中的一部分，万事万物地位相等，主张应尊重自然界中的所有生命。由此可见，儒释道从不同角度诠释的"天人和谐观"共同构成了"人与自然和谐共生"的重要思想文化基础。不仅如此，中国历朝历代也积累了丰富的生态伦理思想，认为人们应该在保护自然资源和生态环境的基础上进行生产活动，切勿一味索取，片面地利用自然和征服自然。早在先秦时期，《逸周书·大聚篇》就有"春三月，山林不登斧斤，以成草木之长；夏三月，川泽不入网罟，以成鱼鳖之长"。春秋时齐国相国管仲认为，发展经济首先要保护山林川泽及其生物资源，反对过度采伐，他说："为人君而不能谨守其山林菹泽草莱，不可以天下王。"[2] 人与自然和谐共生的思想一直是东方文明中的核心价值，这种思想体现的是一种有限利用自然资源，把更多的资源留给子孙后代的处理人与自然关系的思想。

对人与自然关系的思索，并不只存在于东方文明之中，西方社会对人与自然的探究也从未停止。西方对人与自然关系的界定经历了人

---

[2] 解振华，潘家华. 中国的绿色发展之路. 北京：外文出版社，2018.

类中心主义向多元化发展的历程，尤其是西方生态伦理思想的提出，改变了一直在西方社会占据主流的人类中心主义思想。人类中心主义认为只有人类具有内在价值，只有人类才有利益，例如：相信道德原则只适用于人类，人类的需求至上，人脱离于自然的宇宙中心并被赋予独特的价值；而自然只具有工具性价值，只有在增强人类福祉的情况下自然才具有价值，才会被重视；非人类的一切，包括考拉或棕鼠，开满郁金香花的苗圃或自然荒芜之地，只不过是满足人类需求的"资源库"。[3] 因此，从人类中心主义的思想来看，污染和资源枯竭是合理的，因为其满足了人类的利益。

西方生态伦理思想认为人类社会为满足私欲，对自然界肆无忌惮地开发，导致了现代社会尤其是工业革命以来的环境危机。这其中的生态中心主义思想否认人类中心主义的"人类沙文主义"，认为非人类实体也具有内在价值。奈斯作为生态中心主义的代表性理论学家，认为地球上人类和非人类生命的繁荣都存在内在价值，非人类生命形式的价值与人类狭隘目的的有用性无关。[4] 奈斯的生态伦理观点和古希腊时期的观念很相似，即认为人是自然的一部分。[5] 可见中国东方文明中儒释道的人与自然和谐的思想在保护自然方面，与西方生态中心主义思想有一定程度的契合，但是并未把自然赋予与人类相同的价

---

[3] Eckersley, Robyn. Environmentalism and Political Theory[M]. London: UCL Press, 1992.
[4] Naess, Arne. 1986. 'The Deep Ecology Movement: Some Philosophical Aspects.' Philosophical Inquiry 8: 10–31Nussbaum, Martha. The Fragility of Goodness: Luck and Ethics in Greek Tragedy and Philosophy[M]. Cambridge University Press, 1986.
[5] Rolston, Holmes. Environmental Ethics, Values in and Duties to the Natural World [M]. In F. Herbert Bormann and Stephen Kellert(eds.), The Broken Circle, New Haven: Yale University Press, pp. 73-96,1991.

值，仍然强调人的主观能动性。

中国提出的生态文明思想基于中国传统文化，是相比于西方生态伦理思想更为开放和前瞻的文明。这种文明在中国进入21世纪以来，随着科学发展观成为指导中国可持续发展的重要思想，引导中国在发展中不断调整经济发展与自然环境保护的关系。人与自然和谐的思想伴随着中国生态文明建设的开展，与中国对可持续发展的有益探索紧密相连。可以说，中国提出的生态文明传承了中华民族的生态智慧，强调人与自然的和谐，是一种基于现代化的处理人和自然关系的思想体系。

当今世界，保护生态环境已经成为全球广泛共识，但把生态文明建设作为一国执政党的执政理念和行动纲领，用思想的高度和理念的深度来引领改革，这在世界上尚属首次。[6] 中国对人与自然关系、经济发展与环境保护关系的探索并不是一蹴而就，仍在探索中前行。但是，人与自然和谐的绿色发展思想随着中国生态文明建设的推进，成为一种执政理念和治国方略。

二、人与自然和谐共生是现代化发展的目标

绿色发展强调人与自然和谐，并不是要回到过去在自然面前的消极和无作为状态，而是进一步解放生产力和发展生产力，实现经济发展和生态保护的双赢，并最终通过发展现代化的生产方式将生态优势

---

[6] 王波, 禹湘. 西方生态伦理理论：辨析及启示 [J]. 教学与研究, 2019, (09): 105-112.

转化为生产力。

早在 18 世纪的英国和法国，现代化的概念就开始起源。19 世纪现代化逐渐扩散到全世界，并在 20 和 21 世纪成为世界各国的主流。经过几百年的发展，现代化成为文明进步的特征，其内涵也在发生巨大变化。现代化是传统文明向现代文明的范式转变，这种转变是政治、经济、社会、文化、生态和人的发展等各领域的全面转变，强调人与自然的和谐共生发展。

目前，世界上绝大多数国家都在自觉或不自觉地经历某种现代化过程，都在直接或间接地把实现现代化作为一种发展目标。[7] 20 世纪 80 年代，生态现代化理论首次由德国、荷兰和英国提出。[8] 生态现代化追求的是经济有效、社会公正和环境友好发展的一种新模式，是经济增长与环境保护相协调的双赢模式。从现代化的发展阶段来看，人类社会将经历两次现代化：第一次现代化以工业经济和工业社会为基础，经常以经济增长为中心；第二次现代化以知识经济和知识社会为基础，物质生活趋同，精神生活多样化，经常以生活质量为中心。[9] 第二次现代化将以经济知识化和绿色化为特征，包含环境质量改善等内容。

新中国成立以来，实现现代化一直是治国理政的重要目标之一。实现现代化始终是我们的奋斗目标，20 世纪 50、60 年代提出"建设工业化强国"和"实现四个现代化"，20 世纪 80 年代提出"三步走"

---

[7] 何传启. 如何成为一个现代化国家. 世界科技研究与发展, 2018,40(1):5-16.
[8] 王宏斌. 借鉴生态现代化理论，推进我国生态文明进程. 红旗文稿, 2016, (12):28-29.
[9] 何传启. 现代化强国建设的路径和模式分析. 中国科学院院刊, 2018, 33 (3)：274-283.

发展战略，2012 年提出实现中华民族伟大复兴的中国梦，2017 年党的十九大报告提出"21 世纪中叶全面建成社会主义现代化强国"。

近年来，中国在现代化建设方面取得了辉煌的成就。中国已经连续 11 年保持世界第一制造大国的地位。在世界 500 种主要工业品中，超过四成的产品产量位居世界第一。我国产业体系完备，是全球唯一拥有联合国产业分类中全部工业门类的国家。国际竞争力显著增强，通信设备、高铁、卫星等成体系走出国门，我国制造业在全球产业链、供应链、价值链中的位势持续攀升。[10]一项项"上天入海"的重大工程捷报频传，助力中国经济稳健前行。"嫦娥五号"连续实现我国航天史上首次月面采样、月面起飞、月球轨道交会对接、地外天体采样返回等多个重大突破，为我国探月工程"绕、落、回"三步走发展规划画上圆满句号。"天问一号"的成功着陆，在火星上留下了中国印记，迈出了我国行星探测的第一步。"北斗三号"全球卫星导航系统全面建成，将"混合星座构型"发扬光大，建成拥有 24 颗中圆轨道卫星、3 颗地球静止轨道卫星、3 颗倾斜地球同步轨道卫星组成的全球系统，为建设全球卫星导航系统提供了全新范式，[11]开创了我国自主独立全球卫星导航的新纪元。"奋斗者号"在马里亚纳万米海沟成功坐底，创造了中国载人深潜的新纪录。自主研发的高强度高韧性钛合金材料、智能化控制系统以及定位声呐和惯性导航设备集成系统，成就了我国深海科技探索道路的不断突破。白鹤滩水电站是三峡工程之后中国水

---

[10] 肖亚庆. 党领导工业和信息化发展的光辉历程、辉煌成就与宝贵经验. 学习时报, 2021-11-10.
[11] 李国, 邓孟. 中国北斗全球梦圆——写在北斗三号全球卫星导航系统全面建成之际. 工会博览, 2020, (26):60-62.

电新的"国家名片",尤其是世界首台百万千瓦级水轮发电机组正式投产,标志着我国水电工程建设实现新跨越,给库区经济社会发展带来良好契机,对"西电东送"战略的实施和西部地区经济长远发展具有重要意义。高端制造亮点纷呈,首艘国产航母正式列装,C919大型客机准备运营,世界上规模最大、技术难度最高的垂直升船机在长江三峡投运,全球最先进的超深水钻井平台建成运行,世界首套8.8m超大采高智能化矿山装备研制成功,特高压输变电、大型掘进装备、煤化工成套装备、金属纳米结构材料等均跻身世界前列,产业创新加

天问一号发射

北斗三号

嫦娥五号发射

C919 商用飞机

快从量的积累向质的飞跃、从点的突破向系统能力提升转变，中国制造业正向科技创新大步迈进。[12]

现代化发展不是要以牺牲生态环境为代价。只有生态良好，但生活、生产物质贫瘠也不是真正的人与自然的和谐。现代化的技术手段在尽量保护自然和生态资源的基础上创造尽可能丰富的物质产品，满足人民群众追求更高品质生活的需求。

[12] 肖亚庆.党领导工业和信息化发展的光辉历程、辉煌成就与宝贵经验.学习时报, 2021-11-10.

"海基一号"超深钻井机

神东智能超大采高

白鹤滩水电站

奋斗者号

国产航母下水

三峡垂直升船机

三、人与自然和谐共生现代化的中国实践

实现人与自然和谐共生的现代化是从社会主义现代化和中华民族永续发展的角度，本着更好推进现代化的基本原则，以现代化统领人与自然关系，使二者的关系由协调发展走向和谐共生。和谐共生是以人的合理行为遏制对环境的损害，预防可能导致环境损害的人类行为，并以人的合理行为积极主动推动生态环境的良好发展和社会公平正义的实现，使之成为现代化的驱动力。[13] 正如习近平总书记所强调："保护生态环境就是保护生产力、改善生态环境就是发展生产力。"生态良好不仅是人的全面发展的重要前提，更是人的全面发展的基本内容。[14] 人是人与自然关系中的主体，不仅涵盖了探索自然、利用自然、保护自然的意义，人也以自然的发展实现自身的发展，以自身的发展促成自然的发展。

1962 年，河南省兰考县面临着史无前例的恶劣环境，风沙、内涝、盐碱三大自然灾害叠加频发，到处是黄沙、积水和白茫茫的盐碱地，全县的粮食产量下降到历史的最低水平，无法解决当地温饱问题。中共河南省委为改变兰考县的贫困面貌，选派了优秀干部焦裕禄担任县委书记。[15] 为了改善自然环境，解决民生问题，焦裕禄鼓励大家："兰考人民有改变家乡面貌、由穷变富的强烈要求，就像在土地上布满干柴一样，只要迸出一个火星，就可以燃起熊熊烈火。"焦裕禄在

---

[13] 冯留建, 张伟. 习近平人与自然和谐共生的现代化论述探析 [J]. 马克思主义理论学科研究, 2018, 4(04): 72-82.

[14] 习近平谈治国理政 [M]. 北京：外文出版社, 2014.

[15] 王学亮. 焦裕禄永远与兰考人民在一起 [J]. 福建党史月刊, 2014, (07): 8-9.

兰考工作的短短 475 天中，组成调查队连续跋涉 2500 多公里，走遍了全县 84 个风口和 1600 个沙丘，对这些风口、沙丘一个个丈量、编号、绘图，终于准确地追查到沙源和风源。焦裕禄勘察了大小河流、淤塞的河渠，用舌头辨别盐碱的种类和土壤的含碱量，基本掌握了水、沙、碱发生发展的规律，与同事们共同绘制了详细的排涝泄洪图，制定出了切实可行的改造兰考自然环境的规划，[16] 并提出了"沙区没有林，有地不养人；造林防沙，百年大计；育草封沙，当年见效；翻淤压沙，立竿见影"的改造思路。在焦裕禄的带领下，兰考县开展了史无前例的平原沙区治沙行动，创造出"农桐间作"治理模式，成片的泡桐树治住了风沙，改善了环境。兰考县绿色贯通城乡，林木覆盖率达 30.15%，成为河南省首批森林城市之一，全方位提升了城市森林生态品质，改善了人居环境和生活质量。

在社会主义新时代，兰考人民秉承着以焦裕禄为代表的改良自然生态、改善人民生活的建设发展观念，喊出"沙患已除，穷根要拔"的发展口号。当年防风固沙种下的片片泡桐林，繁花似锦，美化了环境，也带来经济发展的新契机。万亩桐林，既是观光林也是致富林。兰考以民族乐器村徐场村为产业中心，开发泡桐板材的民族乐器，打造出上万个就业岗位，年产量 70 万把，产值近 20 亿元。因为泡桐树，兰考人民真切地体验到"绿水青山就是金山银山"，感受到绿色发展带来的美好生活。为了全面推动生态与经济并行发展，兰考县以强县富民为主线，立足本地优势，探索"龙头企业做两端，农民兄弟干中

---

[16] 王学亮. 焦裕禄永远与兰考人民在一起 [J]. 福建党史月刊, 2014, (07): 8-9.

兰考县生态风貌

间，普惠金融惠全链"的产业带富模式，持续强化特色产业的带动效应，依托欧派、曲美等龙头为主导的家具家居产业，突出前端供应和加工，立足富民，大力发展群创产业，全县家居及木制品行业产值达300亿元。兰考坚持生态优先的传统，积极推进绿色发展和绿色产业建设，以焦裕禄干部学院、兰考三农学院为引领，做强文旅培训产业，打造乡村振兴示范区，推进生产生活废弃物资源化全利用，获评全国循环经济产业示范基地，逐步实现由享受生态红利到可持续发展的模式升级。经过努力奋斗，2017年兰考县在全国率先脱贫，2020年地区生产总值突破380亿元，连续入围全国投资潜力百强县。

兰考县乐器村

兰考县田园风光

兰考县黄河湿地公园

GREEN

第四章

绿水青山就是金山银山

DEVELOPMENT

"绿水青山就是金山银山"是习近平总书记对生态文明建设系列论断的代表性表述，其萌生于实践，贯彻于行动，在中国的绿色发展实践中不断丰富与完善，是新时代绿色发展的基本原则和治国理政的基本方略。"既要绿水青山，也要金山银山"并不是要被动地顺应自然，回归农耕生活，放弃经济发展，而是要从生态文明进步的新高度认识和解决问题，是从政治、经济、文化、社会和科技等领域全方位审视人类社会的资源和环境方面的压力，追求在更高层次上实现人与自然的和谐发展和共同、全面繁荣。人与自然的和谐发展和现代化之间的联动发展是互相促进、相辅相成的，人与自然和谐共生是现代化的驱动力，现代化会在更大程度上消除限制人与自然和谐的矛盾。

一、绿水青山就是金山银山成为绿色发展的新理念

2002—2007年期间，时任浙江省委书记的习近平同志，曾深入基层各地进行调查研究，基于感性的认识和理性的思考，2003年8月8日在他写的一篇题为《环境保护要靠自觉自为》的文章中，指出"'只要金山银山，不管绿水青山'、'吃了祖宗饭，断了子孙路'而不自知"，[1]

---

[1] 习近平. 环境保护要靠自觉自为. 浙江日报, 2003-08-08.

首次提出了绿水青山与金山银山"两山"的关系范畴，提出只要经济、只重发展、不考虑环境、不考虑长远是不可持续的发展方式。

2005年8月15日，习近平同志对浙江省安吉县余村进一步走访考察，之后在《浙江日报》上发表了《绿水青山也是金山银山》一文，明确提出了"绿水青山就是金山银山"的重要论断，文中强调："如果能够把这些生态优势转化为生态农业、生态工业、生态旅游等生态经济的优势，那么绿水青山也就变成了金山银山。绿水青山可带来金山银山，但金山银山却买不到绿水青山。绿水青山与金山银山既会产生矛盾，又可辩证统一。"[2]

此后，习近平同志在丽水市、衢州市、湖州市多地调研时均阐述过绿水青山与金山银山的辩证关系。其中，2006年3月23日，习近平同志进一步从金山银山与绿水青山之间对立统一的角度做了更为完整、严谨的表述，[3] 他说，"人们在实践中对绿水青山和金山银山这'两座山'之间的关系的认识经过了三个阶段：第一个阶段是用绿水青山去换金山银山，不考虑或者很少考虑环境的承载能力，一味索取资源。第二个阶段是既要金山银山，但是也要保住绿水青山，这时候经济发展和资源匮乏、环境恶化之间的矛盾凸显出来，人们意识到环境是我们生存发展的根本，要留得青山在，才能有柴烧。第三个阶段是认识到绿水青山可以源源不断地带来金山银山，绿水青山本身就是金山银山，我们种的常青树就是摇钱树，生态优势变成经济优势，形成了一

---

[2] 习近平. 绿水青山也是金山银山. 浙江日报, 2005-08-14.
[3] 沈满洪. 习近平生态文明思想研究——从"两山"重要思想到生态文明思想体系. 治理研究, 2008, (2): 5-13.

种浑然一体、和谐统一的关系。"[4]

2012年11月，党的十八大从新的历史起点出发，做出"大力推进生态文明建设"的战略决策，提出"经济建设、政治建设、文化建设、社会建设、生态文明建设'五位一体'的战略部署"。之后，习近平总书记在不同的场合论述了生态文明建设的重要性，多次强调"绿水青山就是金山银山"，并对两者的关系进行全面系统的阐释。

2013年9月7日，习近平总书记在哈萨克斯坦纳扎尔巴耶夫大学发表重要演讲并回答学生提问时指出："中国明确把生态环境保护摆在更加突出的位置。我们既要绿水青山，也要金山银山。宁要绿水青山，不要金山银山，而且绿水青山就是金山银山。"[5]"两山"理论的这一经典三段论指出了发展是我们的第一要义，也指明了人类正在进入生态文明新时代，要尊重自然资源的自然资本和自然价值。可以说，在这一阶段，习近平总书记是站在全国乃至全球可持续发展的战略高度，对绿水青山与金山银山之间的辩证关系进行了系统阐述，这是对"两山"重要思想的进一步完善，并逐步形成了"两山"论断的思想论述体系。

2015年3月国务院通过《关于加快推进生态文明建设的意见》，正式把"坚持绿水青山就是金山银山"写进中央文件，"两山"理论上升为治国理政的基本方略和重要国策。2017年10月，党的十九大报告指出，"必须树立和践行绿水青山就是金山银山的理念"；同时《中国共产党章程》修订中，将"增强绿水青山就是金山银山的意识"与"坚

---

[4] 沈满洪. 习近平生态文明思想研究——从"两山"重要思想到生态文明思想体系. 治理研究, 2008, (2): 5-13.
[5] 习近平在哈萨克斯坦纳扎尔巴耶夫大学发表重要演讲. 人民日报, 2013-09-08.

持节约资源和保护环境的基本国策"一起作为新时代中国特色社会主义生态文明建设的思想和基本方略。2018年5月全国生态环境保护大会上,"绿水青山就是金山银山"被列入习近平生态文明思想六项原则之一。至此,"两山"论的理论体系逐渐完善,并从治国理政的基本方略上升为重要国策,成为指导中国加快生态文明建设的重要指导思想和本届党中央治国理政思想的重要组成部分,为我们从根本上科学认知生态文明、践行生态文明提供了价值遵循和实践范式。下图梳理总结了"两山"论的形成与发展。

绿水青山作为自然生态系统的重要组成部分,本身就是"财富"

深化与发展阶段	2018年5月全国生态环境保护大会上,"绿水青山就是金山银山"列入习近平生态文明思想六项原则之一。
	2017年10月,"增强绿水青山就是金山银山的意识"写入党章。
	2015年3月,"坚持绿水青山就是金山银山"写入《关于加快推进生态文明建设的意见》。
完善阶段	2013年9月,提出"既要绿水青山,也要金山银山。宁要绿水青山,不要金山银山,而且绿水青山就是金山银山"思想论述体系。
	2006年3月,提出实践中辩证认识两山关系的三个阶段。
提出阶段	2005年8月,于浙江安吉首次提出"绿水青山就是金山银山"论断。
	2003年8月,提出"两山"关系范畴,指出"只要金山银山,不管绿水青山"的危害。

图4.1 "两山"论的形成与发展

浙江省安吉县生态建设

的源泉和重要组成部分，例如空气、水等，过去我们认为它们取之不尽用之不竭。事实上，如果我们不尊重它们，不保护它们，破坏了它们的自然生态和自然生命价值，就会"失之难存"。自然财富的流失，不仅连带影响经济财富的再创造，也会损害人类的健康，制约可持续发展。绿水青山是自然的生态，是生命的底色，决定着我们生活的品质，是我们生活的"金山银山"。同时，绿水青山作为自然生态环境，可以直接为人类生产活动提供场地和生产生活资料，例如土地、森林、矿物、石油等等，本身就是人类的生产资料。绿水青山还可以转换为经济资源，例如一些地区在发展过程中，利用自身良好的资源环境禀赋，发展生态农业、生态旅游等，带动整个地区的经济转型与发展，把青山绿水变成了"金山银山"。可见，绿水青山本身就是金山银山。习近平总书记指出，保护生态环境就是保护生产力，改善生态环境就是发展生产力。[6] 在早期工业文明发展时期，由于人们对自然规律的认识有限，突出强调的是对自然的掠夺和征服。经济社会的发展，伴随着环境污染、气候变暖、资源短缺、物种灭绝等全球性的生态灾害。随着生态文明时代的到来，人们充分认识到保护生态环境的重要意义，意识到生态环境会影响生产力的结构、布局以及规模，甚至影响到生产力的运行效率和效益。环境就是民生，环境就是生产力，绿水青山就是金山银山。

  过去，我们曾经认为，发展与保护是对立的，难以统一。强调发展，保护的压力就会增加；而加强保护，则会带来发展的停滞或损失。事实上，从长期的发展眼光来看，两者能够而且必须实现统一，这是我们人类社会发展的必然要求。如何实现绿水青山就是青山银山，一方面，我们必须尊重自然、保护自然，经济增长不能再以环境破坏为代价，要大力发展生态友好型产业，即产业生态化；另一方面，我们要重视和还原自然资源的生态价值，推动资源市场化发展，作为实现可持续发展的重要途径，即生态产业化。其实无论是产业的生态化还是生态的产业化，都需要我们树立正确的价值观和发展观，以结构调整为抓

---

[6] 习近平. 建设美丽中国，改善生态环境就是发展生产力. 中国共产党新闻网，2016-12-01. http://cpc.people.com.cn/xuexi/n1/2016/1201/c385476-28916113.html.

浙江省安吉县生态建设

浙江安吉的江南天池

手,转方式、调结构、改导向、提质量。同时,进行一系列的相关产权制度的改革,用制度为我们的"绿水青山就是金山银山"助力、保驾、护航。

新中国成立后建设任务十分繁重,但是党和政府仍然关注和支持环境改造和国土绿化工作。为了响应"绿化祖国"的伟大号召,原

国家林业部决定于1962年在河北省最北端与内蒙古交界处的塞罕坝，建立大型机械林场，植树造林、绿化荒山沙漠，以彻底改变恶劣的自然环境，阻止沙漠迁移南下，保护植被水源。第一批从祖国大江南北来到塞北高原的369名林场员工，面对的是生态环境脆弱、气候条件恶劣、自然条件匮乏的大荒漠。塞罕坝极冷极寒，风沙肆虐，每年积雪时间长达 7 个月左右，极端最低气温达零下 43.3 摄氏度，生活基本条件都难以保障。1962 年和 1963 年，第一代塞罕坝人面对的是造林成活率不到 8% 的残酷现实。1964 年春天，塞罕坝林场全体职工开展"马蹄坑造林大会战"，栽植落叶松 516 亩，成活率终于达到 96%。半个多世纪以来，先后三代塞罕坝林场人与恶劣的自然环境做斗争，克服不利条件，坚持植树造林，成果丰硕。根据《国有林场改革方案》，塞罕坝国家级自然保护区面积由 30.4 万亩调整到 97.9 万亩，实现了从"一棵松"到"百万亩林"的转变，通过环境综合治理，彻底改善了自然条件。如今，塞罕坝林场的森林覆盖率由建场初期的 11.4% 提高到如今的 82%，有林地面积由 24 万亩增加到 115 万亩，是世界上面积最大的人工林区。如果把全部林木按一米的间距排成一条直线，足足是地球赤道周长的 12 倍。根据测算，塞罕坝每年为京津地区涵养水源 2.84 亿立方米，固定二氧化碳 86 万多吨，释放氧气近 60 万吨。

在绿色发展理论的指引下，现代塞罕坝人发扬塞罕坝精神，让荒漠高原变成的"美丽高岭"，再次蜕变为"金山银山"。塞罕坝林场充分发挥国有林场的资源优势与体制优势，积极构建植树造林、保护生态、合理开发、综合利用的绿色发展新模式，增强森林碳汇能力，建设生态涵养功能区，发展绿色产业，打造新兴林业生态绿色经济，引导带动周边区域发展乡村游、农家乐、绿化苗木等对环境负面影响小又收益快的生态产业，建成绿化苗木基地 8 万余亩，平均每年接待游客约 60 万人次，生态旅游带动周边区域每年实现社会总收入超过 6 亿元，真正将绿水青山变成改善提升民生福祉的金山银山，助力周边群众一步步脱贫、增收、致富，通过绿色林海建造的"森林银行"全面推进乡村振兴。随着绿色发展进一步深化，塞罕坝林场积极对接碳中和、碳交易等绿色经济风口，已完成16万吨造林碳汇交易，直接收入310万元，为绿色经济升级发展开了个好头。

塞罕坝林场用实际奋斗树立了中国乃至世界生态文明建设史上的标杆，林场建设者因此获得象征着联合国环保最高荣誉的地球卫士奖，机械林场荣获全国脱贫攻坚楷模称号，[7] 成为构建人与自然和谐的绿色发展典范。

2021年8月，习近平总书记在河北承德考察时强调："你们用实际行动铸就了牢记使命、艰苦创业、绿色发展的塞罕坝精神，这对全国生态文明建设具有重要示范意义。""既要绿水青山，也要金山银山"，阐明了经济与生态的辩证统一关系，经济发展与生态保护二者不可分割，构成有机整体；"宁要绿水青山，不要金山银山"，强调了发展过程中生态保护的优先地位，以及人类对自然的尊重；"绿水青山就是金山银山"，揭示了生态环境的真正价值，反映了人对自然生态认识的回归。绿水青山和金山银山绝对不是对立的,关键在人，关键在思路。

---

[7] 参见《要闻》,中国经济周刊,2021年第8期。

塞罕坝机械林场景色

塞罕坝机械林场景色

二、既要绿水青山，又要金山银山

发展是硬道理。新中国成立之初，百废待兴，在中国共产党的正确领导下，中国大力开展社会经济文化等建设。尤其是改革开放以来，工业化、城市化飞速推进，实现了经济跨越式腾飞，人民生活日益改善。以新中国成立65周年国家统计局的统计数据为例，1953—2013年，我国国内生产总值（GDP）按可比价计算增长了122倍，年均增长8.2%。1952年国内生产总值只有679亿元，1978年增加到3645亿元，居世界第十位。改革开放以来，GDP年均增长9.8%，增长速度和高速增长持续的时间均超过经济起飞时期的日本和韩国。GDP连续跃上新台阶，1986年超过1万亿元；1991年超过2万亿元；2001年超过10万亿元；2010年达到40万亿元，超过日本成为世界第二大经济体；2013年达到568845亿元，占全球GDP比重达到12.3%。我国人均GDP由1952年的119元增加到2020年的72447元（约合10504美元），根据世界银行划分标准，已由低收入国家迈进上中等收入国家行列。[8]2018年党的十九大指出，中国特色社会主义进入新时代，近代以来久经磨难的中华民族迎来了从站起来、富起来到强起来伟大飞跃的历史时刻。[9]

贫穷不是社会主义，同样以环境和资源为代价盲目追求发展速度而忽略发展质量的粗放式增长也不是社会主义，当前中国实现绿色发

---

[8] 参见《中国综合国力和国际影响力实现历史性跨越》，实践文摘，2014年第10期。
[9] 参见《习近平：决胜全面建成小康社会夺取新时代中国特色社会主义伟大胜利——在中国共产党第十九次全国代表大会上的报告》，新华网，http://www.xinhuanet.com//politics/19cpcnc/2017-10/27/c_1121867529.htm。

展，目标就是实现人与自然的和谐发展，要的是发展中的保护，既不是要回到原始的生产生活方式，也不是忽略自然本身需求和自然资源价值的外延式扩大再生产。我们要建设的中国特色社会主义，是生产发展、生活富裕、生态良好的文明社会，谋求的是人与自然和谐共生的可持续发展。"既要绿水青山，也要金山银山"的论断，体现了中国共产党人的发展理念，是对发展内涵的再认识，亦是对旧有的粗放式发展方式的反思，要做好自然生态与经济发展的协同，两手都要抓，两手都要硬，坚定了中国要走绿色发展道路的选择。

"八山一水一分田"的中国贫困县安溪，自然环境优美，但没有"自然地"带来经济发达和生活富裕，最终通过思想意识转变与绿色发展理念建设，实现了环境与经济协调的大发展。安溪县通过全面清退"高能耗、高污染"产业，一举关停石材加工企业742家、矿山开采企业73家，盘整出5000亩工业用地，为茶叶、旅游、电子等绿色新兴产业拓展出空间和资源，积极对接绿色产业持续发展新机遇。安溪县根据自然禀赋科学处理生产生活和生态环境之间的矛盾，通过推进产业结构与能源结构的优化，强力拓展传统产业绿色转型与绿色低碳新产业的增长空间，围绕幸福生活、美丽家园建设目标构建绿色经济体系。安溪瞄准传统的茶产业深度转型，全力将区位劣势转变为绿色发展比较优势，将传统产业的基础转化为新兴产业的底座，以建设现代茶业与绿色茶文化为目标，以重构茶业生态经济为主线，以创建国家现代农业产业园为载体，深挖茶产业核心价值与绿色发展潜能。安溪县培育茶庄园22个，实现庄园化、智能化、现代化整体运作，实施了一批带动性强、影响力大的涉茶技术创新项目，支持茶企建设智能化、自动化、清洁化、标准化生产线,加快培育绿色产业急需的人才,建设了 100% 合格的茶鲜叶、毛茶和成品茶的高效产能,全面提高能源资源利用效率,将产业链对环境的影响降到最低。在政府主导下,以数字化升级为主打的产业提升工程有效展开,安溪铁观音电商平台APP 打开了购买正宗安溪铁观音的全球市场。中国茶都品牌改造提升,茶博汇招商引资和业态整合顺利推进。茶企依托跨境电商拓展到全球市场。绿色金融资本进入茶山、茶园及茶产业链,推动产业向茶机械、

福建省安溪县现代化农业产业园

茶包装、茶食品及深加工等领域延伸，带动了茶生产、茶旅游、茶文艺等新兴的环保型、低能耗、低消耗产业协同发展，促进一二三产业深度融合与绿色低碳转型。"十三五"期间，安溪县茶产业相关生产总产值增至250亿元，安溪铁观音连续两年成为中国区域品牌价值第一，列入中欧"100+100"互认互保清单，建立世界茶贸指数研究中心，发布全球茶产业发展指数，主导经济高速增长摆脱了对资源的高度依赖。在茶产业的支撑下，安溪县坚持推进"单极"向"多极"的

安溪县城

福建省安溪县现代农业产业园

经济与发展模式建设，在电子、光电、生物等产业协同发力，全面推进多种新兴产业齐头并进式发展。生态优先、绿色发展带来的经济效益推动了以人为本、以民众福祉为目标的生态文明建设。安溪县启动综合立体大交通项目建设，改善交通条件；创新森林资源管护机制，持续深化流域水环境综合整治；投入 5 亿多元，新增城市慢道 22 公里，建设休闲广场 14 万平方米；投入 10 多亿元建设公园绿地 231 万平方米；投入 3 亿多元建设大龙湖诗词长廊、茶都木栈道、湾美景观长廊、茶文化长廊、自行车道、步行道等环境设施，全面改善产业环境与城镇环境生活质量；投资 18 亿元实施 110 个教育项目，为民生福祉提高和社会经济持续发展储备强劲动能。安溪县正有序地推动环境基础设施改善，生态宜居基础体系优化，推动人与自然和谐共生的绿色发展建设走上一个又一个新台阶。

到过四川省广元市的人无不惊叹那里的山青水绿，高达 57.47% 的森林覆盖率呈现出满目的生机，空气中每立方厘米 5000 个以上负氧离子让呼吸格外畅快，96% 以上的城市环境空气质量优良天数比使人心情愉悦，天府之国中心区位让广元拥有了得天独厚的优质农林产品生产环境。广元生态本底优异，基础条件丰厚，与其他城市相比，具有明显的绿色发展先天优势。广元市建设发展的关键问题在于如何探索出一条科学的生态产品价值实现路径，把天然的生态优势打造成为可持续的经济优势。广元市委市政府经过深入调研，摸清家底定策略，依托生态搞经济，树立了"坚持生态立市、发展生态经济、打造生态文明典范和康养旅游胜地"的绿色经济高质量发展模式。坚持生态立市不动摇，就是统筹山水林田湖草沙系统治理，严格落实和贯彻

广元市生态城市建设

广元市生态城市建设

林长制、河长制、生态文明建设考核等各项生态文明建设机制和制度，优先保护好广元的大山大水大森林，确保 2500 立方的人均水资源占有量、100% 水质达标率、6000 万立方森林蓄积量等生态指标保持稳定或增长态势，彻底遏制生态环境突出问题，严守生态红线，不断加强生态本底和绿色禀赋，为经济发展和社会民生攒下更厚实的"家底"。发展生态经济，就是根据生态情况优化调整经济结构，确定主导产业与新兴产业绿色化升级目标，充分挖掘1300余种植物资源、327种药用植物资源、近30种国家保护动物资源以及蕴量巨大的水能、风能、地热能、太阳能等清洁资源的增值作用，打造出"中国森林氧吧""中国温泉之乡""广元七绝"等生态产业品牌，保护生态红利的"老本"，扩大生态红利的"利息"，提高绿色低碳循环发展水平。

亚热带湿润季风气候，以及适中的年降雨量、日照数、年平均气温等气候环境指标，让广元市生态有机农产品美名远扬，也为现代化农业升级创造了良好条件。广元将挖掘生态产品经济价值与乡村振兴深度绑定，依托集群式多业态构建优质特色农业促进共同富裕，开展"优质粮食工程""产油大县"天府菜油"行动，在光大农村建设绿色高质高效粮油种植示范基地；突出"一县一特""一乡一业""一村一品"，巩固提升茶叶、红心猕猴桃、核桃、油橄榄、山地蔬菜（食用菌）、道地中药材、土鸡、生态渔业等优势特色产业，夯实现代特色农业种业、现代农业装备、现代农业烘干冷链物流"三大先导性产业"支撑；引导龙头企业带动打造农业全产业链，推动农业与旅游、文创、会展、工业、康养等跨界融合，鼓励农民参与现代种养、加工流通、物流配送、电子商务、休闲旅游、健康养生等全产业链融合链条，扶持资本进入农村发展农产品初加工和精深加工产业，发挥优质农特产品品质优势，培育壮大食品饮料产业集群，实施调味食品城、火锅食材等重点项目，打造城乡一体化发展的中国食品工业名城，让人民群众获得感、幸福感不断增强，共享绿色与繁华。

生态立市和绿色发展已经融入城市发展的基因，广元市还不断探索生态产业现代化升级的新内容与新领域，在绿色崛起之路上不断前行。通过现代农业（林业）园区、"一村一品"示范园、家庭产业园建设，打造出一批集体验、休闲、观光、娱乐等于一体的现代农业园区，整合专业合作社、涉农龙头企业、农产品交易市场、商超、电商企业、配送骨干企业等资源，实现农业集聚发展。通过培育家庭农场、专业合作社、龙头企业等新型农业经营主体和职业农民，构建种养、农机、物流、销售、科技、金融等农业现代化服务体系。积极发展"产销对接""农超对接""连锁经营""家庭定制，以销定产"等新型产业链经营模式，推动"农户＋合作社＋企业"等产业合作，建立契约式、分红式、股权式利益联结机制，让农民群体摆脱传统耕作模式，加入到现代化农业产业链条与利益链条中，充分享受规模化、组织化、专业化生产模式带来的经济优越性。

近年来，广元坚持绿色发展，抢抓机遇，加快推进国家气候适应型试点城市、国家低碳试点城市建设，协同推进生态环境高水平保护和经济高质量发展，巩固提升嘉陵江上游生态屏障，先后创建成为中国优秀旅游城市、全国旅游标准化示范市、中国十佳宜居城市、全国康养十强市、国家园林城市、全国绿化模范城市等。

三、宁要绿水青山，不要金山银山

自然界是人类生存和发展的基础，为人类生产生活提供基本的场所和资源，人类可以通过社会实践活动，利用自然并改造自然。然而，人类归根结底是自然的一部分，在开发自然、利用自然的过程中，人类不能凌驾于自然之上。如果我们不遵循自然规律，大肆掠夺甚至破坏生态环境，那么就会如恩格斯所深刻指出的："我们不要过分陶醉于我们人类对自然界的胜利。对于每一次这样的胜利，自然界都对我们进行报复。"[10] 习近平总书记也反复强调指出："人因自然而生，人与自然是一种共生关系，对自然的伤害最终会伤及人类自身。只有尊重自然规律，才能有效防止在开发利用自然上走弯路。"[11]

　　中国作为发展中的大国，能源、资源相对不足是基本国情，同时生态环境承载能力较弱。一方面，遗留的环境问题需要解决，我们要在短时间内快速解决发达国家200年来逐步消化的环境难题；另一方面，在发展中新的环境问题不断涌现，加之我们现在正处在经济增长速度换挡期、结构调整阵痛期、前期刺激政策消化期的"三期叠加"，因此正确处理经济发展与生态环境问题至关重要。我们既不能走欧美国家的老路，也不能再让环境问题一层一层堆积下去，最终导致环境恶化。我们必须尊重自然、敬畏自然、保护自然，在生态环境许可的范围内谋求发展。习近平总书记指出："如果仅仅靠山吃山很快就坐吃山空了。这里的生态遭到破坏，对国家全局会产生影响。"[12] "生态等到污染了、破坏了再来建设，那就迟了。对于那些破坏生态环境的行为，绝不能手软，不能搞下不为例，要防止形

---

[10] 丁晋清.建设生态文明是中国特色社会主义的本质要求.理论与当代, 2007, (12).
[11] 参见习近平在中共中央政治局第四十一次集体学习时的讲话，"推动形成绿色发展方式和生活方式 为人民群众创造良好生产生活环境"。
[12] 参见《林区转型，习总书记很牵挂》，新华网，2016-05-24. http://www.xinhuanet.com/politics/2016-05/24/c_1118919219.htm.

成破窗效应。"[13]

"宁要绿水青山，不要金山银山"的论断，充分表明了中国政府对加强环境保护、推进绿色发展的坚定意志和坚强决心，也是以习近平总书记为核心的党中央对中国特色社会主义规律的进一步深化认识，强调把生态建设和环境保护放在优先位置，强调在"保住绿水青山"的基础上实现可持续发展，是"既要绿水青山，也要金山银山"思想的再升华，指导我们尊重自然、顺应自然、保护自然，经济发展以遵循自然发展规律为前提。

浙江省丽水市是"两山"理念的发源地，也是创新实践"两山"理论的成功样板。早在2008年，丽水市就率先发布了全国第一个城市级的《丽水市生态文明建设纲要（2008—2020）》，明确了绿色发展路径与方向。近年来，丽水市连续交出生态环境状况指数和农民收入增幅多年全省第一的优异答卷，也勾画出创新引领绿色崛起和高质量绿色发展的美丽画卷。丽水市赋予自然资源代理主体，让河长、湖长、林长成为自然资源的"管家"，通过激发个人的主人翁责任感解决公共资源的开放性使用问题，激发群众保护自然的积极性和创造性。青田县章村乡围绕山区河道经营权承包探索出了集体、股份制、合作制、农户等四种"河权到户"模式，被水利部列入"2015基层治水十大经验"之一，庆元等县则建立上下游、左右岸"河长"，创建跨省、市治水联盟，彻底解决了与邻省的跨境水污染矛盾，实现"同饮一江水"，为化解"公地问题"提供了新思路。丽水市治水成效显著，Ⅰ—Ⅱ类

---

[13] 参见《习近平"两座山论"的三句话透露了什么信息》，新华网，2015-08-06. http://www.h2o-china.com/news/228795.html.

优质水质达到 92.7%，总体水质位居全省第一。为了保护好优质的生态家底，丽水将 95.8% 的市域面积规划为生态空间，按照最严管控的顶格标准，深化"水气土废"共治，率先开展全国地下水污染防治试点建设，兑现美丽生态的生产价值与经济价值。"梯田生金，云海卖钱"，云和梯田独特的地理环境打造出经典的"日出云海"景观，吸引了大量的来自全国各地的摄影爱好者拍照留念、"打卡"转发。云和梯田投资 16.35 亿元，打造多个旅游项目，充分享受生态红利。近年来，丽水市依托"好山好水""真山真水"的生态环境优势，把生态旅游业作为第一战略支柱产业培育，推动生态旅游全域化、智慧化、纵深化发展，将"绿水青山"直接变现为"金山银山"。丽水依托洁净的空气和水等资源打造出吸引新兴产业的"梧桐树"，生产企业洁净车间过滤粉尘、漂浮物、微生物等的成本明显降低，各类耗材的用量减少、寿命延长，生产制造成本直线下降，食用菌、生物医药、新材料、绿色能源等生态利用型工业企业慕名而来，产业集群蓬勃成长，美丽的生态空间与美好的生态资源已成为经济要素和招商引资的新名片。2018 年，丽水获批成为浙江唯一的省级生态工业试点市。2021 年，丽水市率先创建"中国碳中和先行区"和"零碳"城市。

丽水市积极探索量化青山绿水的手段，推动创造自然资本市场，实现生态与经济的全面融合。2019 年，丽水以生态系统生产总值（GEP）核算为切入点，启动全国首个生态产品价值实现机制试点。2020 年 4 月，丽水发布全国首份《生态产品价值核算指南》地方标准，率先建立 GDP 和 GEP 双核算、双评估、双考核机制；探索生态产品质量和价值相挂钩的财政奖补机制；创建上下游、异地开发、飞地互飞等横向生态保护补偿机制；建立"两山银行"，推动 GEP 责任指标交易，实施《丽水市碳汇生态产品价值实现三年行动计划（2020—2022）》，完善碳汇交易市场等一系列创新举措，推进 GDP 和 GEP 规模总量协同较快增长，这些举措见证了丽水的高质量绿色发展。2020年5月，全国首份以村为单位的 GEP 核算报告《遂昌县大田村 GEP 核算报告》正式发布，报告显示，2018 年大田村生态系统生产总值达 1.6 亿元，其中水源涵养 5152.19 万元。村民们第一次感受到水和空气都是"值钱的"，生态环境有了衡量价格的标准，村里酿酒的水也有了明确"身价"。因为有了 GEP，村子的吸引力提高了，贷款也方便了，一些银行将 GEP 纳入授信的风控范围，推出 GEP 授信等优质信贷服务，村民可少 3—5% 左右的利息贷款，"绿水青山"为农民群众产生出真正的"生态利息"。

通过践行"良好生态环境是最普惠民生福祉"理念，丽水市生态环境状况指数（EI）连续 17 年、新农村建设农民满意度连续 9 年、食品安全满意度连续 11 年、生态环境质量公众满意度连续 12 年位列全省第一，植被覆盖指数、生物丰度指数和生态环境质量级别全部为优，居全省第一。2020 年，丽水市发布全国首个空气质量健康指数地方指数，并成为全国首个全域"中国天然氧吧"城市。绿色发展全面助力民生改善，切实提升了民生福祉。2019 年，丽水人均预期寿命达到 80.81 岁，提前实现了《"健康中国 2030"规划纲要》规定的"2030 年人均预期寿命 79 岁"的目标，已接近全球第一梯队中西班牙 82 岁的标准。

为推动绿色经济全面发展和绿色社会全面建成，丽水市通过打造区域生态产品公共品牌、确保公共品牌的公益性质，降低了小农个体化经营的市场风险，凸显高品质、高科技含量、高附加值定位，参考欧盟有机产品标准，创立全国首个覆盖全区域、全品类、全产业的农业公共品牌"丽水山耕"，实现年销售额超 108 亿元，品牌平均溢价率 30%。打造"丽水山景"全域旅游，注册全国首个地级市民宿公共品牌"丽水山居"，发布放心民宿服务标准，2020 年旅游总收入达 656 亿元。依托全国首创绿色社会信用"丽水思路"，丽水市以村（社）、企业、个人为重点对象，构建包括生态保护、生态经营、生态文化、绿色生活、社会责任的五维生态信用体系，编制生态信用行为正负面清单，实行"绿谷分"（信用积分）动态量化评分管理，[14] 并对 1.2 万家企业、24 个生态信用村进行了评定，推动企业和行政村生态信用评级管理。借助生态信用引导社会绿色消费，让市民们的个人信用看得见、可消费，助推生态保护成为全社会的自觉行动。

丽水绿色发展模式突破了欠发达地区过度依赖国家转移支付、生态补偿资金寻求发展的制约，为协同推动"碳中和""绿色高质量发展""共同富裕"等生态文明建设制度与政策提供了有益借鉴，让环境保护与经济发展不再成为任务和目标，而成为手段和路径，让建设发展目标更多地聚焦在了人民群众的幸福感与获得感的关键环节，生态禀赋和民生福祉将会成为丽水新的城市竞争力和经济增长点。

不只是要改善生态环境，简单地守住绿水青山，也需要社会经济的不断发展，需要科学地开发利用绿水青山。作为一种资源的存在，

---

[14] 阮春生，钟根清. 生态产品价值实现的丽水实践. 丽水日报，2021-04-26.

浙江省丽水市生态建设

日益稀缺的绿水青山作为金山银山的价值属性越来越凸显，但如果不被科学地开发利用，它只是一座有着丰富资源的"山"，甚至有可能退变成穷山恶水，满足不了人们美好生活的需要。"既要金山银山，也要绿水青山"和"宁要绿水青山，不要金山银山"的辩证统一，是发展理论的创新，强调"绿水青山"的财富价值，明确"绿水青山"是中华民族永续生存、永续繁荣发展的"金山银山"，日趋成为推动美丽中国建设的强大思想武器。

浙江省丽水市紫金大桥

浙江丽水梯田风光

GREEN

第五章

山水林田湖草沙是生命共同体

DEVELOPMENT

一、山水林田湖草沙系统治理是绿色发展的新模式

党的十八大以来，习近平总书记从生态文明建设的整体视野提出"山水林田湖草沙是生命共同体"的论断，强调"统筹山水林田湖草沙系统治理"，"全方位、全地域、全过程开展生态文明建设"。山水林田湖草沙系统治理的思想可追溯到中国传统文化中的天人合一思想，中国古人在长期的天象和物候观测中发现"天—地—人"之间的系统性关联和气候的周期性规律，并将该自然法则用于治国、齐家、养生、农作、救灾等领域。《云梦睡虎秦简》[1]中记载的《田律》被认为是我国最早的环境保护法律，古人保护自然的目的是使百姓"有余食、有余用、有余材"。尊重自然、敬畏自然，天、地、人和谐发展的中国哲学为现代环境伦理学提供了丰厚的思想来源。

诞生于20世纪70年代的西方环境伦理学将人类的道德、权利概念扩大到自然界。[2]1933年美国哲学家利奥波德在其代表作《沙乡年鉴》中首次提出"大地伦理"，将自然资源管理视为道德问题，确认生物和自然应有的权利。"大地伦理"不仅暗含着对每一个成员的尊重，还暗含着对大地共同体本身的尊重。20世纪60年代，英美大气

---

[1]《云梦睡虎秦简》，又称《云梦秦简》，是指1975年12月在湖北省云梦县睡虎地秦墓中出土的大量竹简，内容主要是秦朝时的法律制度、行政文书、医学著作以及关于吉凶时日的占书。
[2] 余谋昌. 中国古代哲学的生态伦理价值 [J]. 中国哲学史, 1996, (1-2): 33-39.

科学家和生态学家共同提出"盖亚假说（Gaia hypothesis）"，认为生物与环境的相互作用共同塑造了地球生命系统。作为一种新的地球系统观，盖亚假说的科学含义是指生态环境问题关系整个地球及人类命运，需要用系统思维或整体观来认识人类活动对生态环境的影响，并采取共同行动保护地球。1994年世界银行提出一国财富包括人造资本、人力资本、自然资本和社会资本，将土地、森林、湿地等作为自然资本的组成部分。[3]2011年联合国环境署《迈向绿色经济——实现可持续发展和消除贫困的各种途径》报告提出绿色经济是基于自然资本增值的经济。近年来各国将建设绿色基础设施作为提升自然资本存量的主要途径，例如对天然生态系统进行维护、管理和修复，修建人工湿地、城市森林、绿色廊道等。2016年第35届国际地质大会上，科学家达成共识并指出，地球已进入全新的地质年代"人类世（Anthropocene）"。地球进入"人类世"的一个显著特征就是近百年来人类活动引发了全球气候变化问题。

二、山水林田湖草沙是与社会经济系统的协同共治

习近平总书记指出："大自然是一个相互依存、相互影响的系统。比如，山水林田湖草沙是一个生命共同体，人的命脉在田，田的命脉在水，水的命脉在山，山的命脉在土，土的命脉在树。如果种树的只管种树、治水的只管治水、护田的单纯护田，很容易顾此失彼，最终

---

[3] 张孝德, 梁洁. 论作为生态经济学价值内核的自然资本 [J]. 南京社会科学, 2014, (10): 1-6.

湖南武陵山区

造成生态的系统性破坏。"[4] 自然生态系统由山川、河流、湖泊、林草共同组成,他们相互依存,成为一个有机整体,牵一发而动全身。中国在近 40 年的快速发展过程中,取得了经济建设的巨大成就,但是,唯 GDP 的政绩导向也曾使得中国部分地区竭泽而渔、穷林而猎,山水林田湖草遭受了不同程度的破坏。要恢复这一生命共同体的生机,需要加强对各自然生态系统中的各个要素的保护与修复。山水林田湖

---

[4] 中共中央宣传部.习近平总书记系列重要讲话读本(2016 年版).北京:学习出版社,人民出版社.

草沙系统观强调了国土资源及其承载的各类自然资源对于实现可持续发展的重要性。山水林田湖草沙作为生态子系统能够为人与自然生命共同体提供生态系统服务功能，其内部又包含了生态、社会、经济三重属性。其中，生态属性是指山水林田湖草沙各个生态要素的特质，及其共同承载的生物多样性、生物栖息地、物种与基因资源等内容；社会属性是指山水林田湖草中蕴含的人文、历史、景观等社会文化价值。例如中国的泰山、黄山、峨眉山—乐山大佛、武夷山被列入世界自然与文化双遗产名录；云南红河哈尼稻作梯田系统被联合国粮农组织认定为独特的农业文化遗产；湖南武陵山被赋予国家自然与文化双遗产及重要的农业文化遗产等。经济属性是指山水林田湖草作为重要的生命物质基础和生计来源具有经济价值，能够创造就业，提供食物、农林牧渔等产品。

具有不同维度、多重属性的山水林田湖草沙是一个复杂、共生、有机的生命共同体，我们需要充分尊重并利用这一复杂系统的完整性、自组织特性。在中国绿色发展的理念下，既要注重其提供生态系统服务的特质，也要充分挖掘其不同属性的自然资本价值，避免将"山水林田湖草沙"分而治之、割裂保护的错误观念，在政策和实践中实现"整体保护、系统修复、综合治理"。2018年4月，中国发布《国务院机构改革方案》，正式组建了自然资源部，统一行使全民所有自然资产所有权职责，新成立的自然资源部整合了原有的国土资源、海洋、测绘地理信息、城乡规划及水、林、草等自然资源管理职责，有助于从体制机制上改变传统"条块分割"的治理弊端、实施自然资源产权整体性保护。统筹山水林田湖草沙系统治理需要在多目标下加强跨部门、跨领域的协同政策和行动。然而,新的治理机制需要经历逐渐适应和落地的过程才能发挥协同效益。

三、山水林田湖草保护修复工程的试点示范

为贯彻落实山水林田湖草沙是一个生命共同体的绿色发展理念,统筹自然生态各要素,实行整体保护、系统修复、综合治理,中国在2016年启动山水林田湖草生态保护修复工程试点。截至2019年共批准启动了24个试点项目(表5-1列举了部分试点内容)。试点主要支

表5-1 2017—2018年部分试点项目治理内容及指标示例

重点内容	主要目标	主要指标	典型省份
(一)矿山环境治理恢复	矿山复绿、生态安全屏障	[山]废弃矿山修复、纳入绿色矿山名录入库率、地质公园、地质灾害隐患排查等 [林]森林覆盖率、林地湿地保有量、林木蓄积量、林分改造、茶园和竹林生态化改造等 [田]矿山修复绿化、退耕还林、复垦耕地面积	内蒙古乌梁素海流域、山西汾河流域、山东泰山区域等
(二)土地整治与污染修复	土地综合整治、土壤污染修复、耕地保护	[田]土地整理、复垦率,新增耕地、高标耕地面积/达标率,耕地保有量,高标农田、污染耕地安全利用率,耕地安全利用示范区等 [林]退耕还林 [草]草原植被改良、植被覆盖度等	广西左右江流域、浙江钱塘江源头流域、重庆长江上游、广东粤北南岭山区、吉林长白山区等

（三）生物多样性保护	生境修复与生物多样性保护	特有濒危动植物保护；林地/草地/流域生物多样性保护；鱼类恢复；重点野生动植物保护；湿地修复	吉林长白山区、黑龙江小兴安岭—三江平原、云南抚仙湖流域等
（四）流域水环境保护治理	水源涵养、调田节水、控污治河、治湖保水	[水]水质达标率、国家和省考核断面水质达标率、江河水质断面达标率、水源地/地下水/城市水源达标情况等 [田]水土流失、石漠化治理等 [人居环境]岸线生态修复、城镇农村污水、生活垃圾处理、畜禽粪便资源化处理、黑臭水体治理等 [生物多样性]自然湿地保护率；鱼类种质恢复；特有濒危动植物保护等	河北雄安新区白洋淀、重庆长江上游、湖北长江三峡地区、湖南湘江和洞庭湖、浙江钱塘江源头区、福建闽江流域、新疆额尔齐斯河流域等
（五）全方位系统综合治理修复	改善区域人居环境、居民生活质量提升	[人居环境]城市雨污分流、垃圾无害化改造、村县生活污水/垃圾处理、农作物化肥使用量等 [源头治理]水源涵养、河道沟坡治理、岸线修复，关改搬转化工企业、主要港口岸电设施、船舶污染物转运处置设施，码头岸线复绿率，水电站拆除等 [生态文明建设]生态移民、集中连片绝对贫困区生态扶贫、国家级生态文明示范区等	新疆额尔齐斯河流域、四川广安华蓥山区、广东粤北南岭山区、湖南湘江和洞庭湖等

持在影响国家生态安全格局的核心区域、关系中华民族永续发展的重点区域和生态系统受损严重、开展治理修复最迫切的关键区域开展生态环境保护及修复工作，每个项目获得至少20亿元的中央财政补助。

其中重点统筹五个内容，包括矿山环境治理恢复，土地整治与污染修复，生物多样性保护，流域水环境保护治理，全方位系统综合治理修复。试点项目基本上涵盖了不同地区的生态安全和生态空间类型。[5]

试点项目大多是从单一生态要素治理转向以多要素构成的生态系统服务功能提升为导向的保护修复，在相关指标设计中也体现出对整体性、系统性和功能性特征的重视，体现了"人的命脉在田，田的命脉在水，水的命脉在山"。

从各试点省份提出的总体目标来看，新疆提出了"确保北疆水塔生态安全，打造丝绸之路经济带生态文明示范区"，实施以天然林保护修复为重点，着力构建阿尔泰山山地森林、天山山地森林和帕米尔—昆仑山—阿尔金山荒漠草原森林生态屏障；实施以三北防护林、退耕还林还草、退化草原生态修复、防沙治沙等生态保护修复工程，构建环塔里木和准噶尔两大盆地边缘绿洲区生态屏障。

湖南以"一江清流、一湖碧水"为主线，以自然恢复、绿色修复为方法，通过源头控制、过程拦截、末端修复以及区域综合治理，全面实施水环境、农业与农村环境、矿区生态环境和生物多样性等四大工程，打造"清水长廊"，实现清水入湖、清流出湘，在长江经济带的"龙腰"、在祖国中部构筑坚实的生态安全屏障。

内蒙古提出"建设北方重要生态屏障，提升'北方防沙带'生态系统服务功能"，并从五个方面全面发力。第一，坚持量水而行，适地适树适草，依托林草重点生态工程，持续深入推进大规模国土绿化；

---

[5] 资料来源: http://www.mof.gov.cn/index.htm，本书按照治理要素对绩效考核指标进行了分类梳理。

阿尔泰山山地森林

湖南一江清流、一湖碧水

第二，坚持把保护草原森林作为生态系统保护的首要任务，科学规划、合理布局，持续加大草原生态修复力度；第三，促进林业、草原、国家公园"三位一体"融合发展，确保重要自然生态系统、自然遗迹、自然景观和生物多样性得到系统保护；第四，坚持山水林田湖草沙综合治理、系统治理、源头治理，持续加大黄河流域林草生态保护建设力度和沙化土地治理力度；第五，坚持保护优先、自然恢复为主，严格保护荒漠天然林草植被。加大沙化土地封禁保护力度，促进自然生态系统休养生息。坚持宜乔则乔、宜灌则灌、宜草则草，采取以林草植被建设为主的综合措施，持续推动规模化防沙治沙工程。

内蒙古北方重要生态屏障

  黑龙江注重其"提供生态产品、国家生态安全与粮食安全"的作用，坚持质量兴农、绿色兴农，以保障国家粮食安全、绿色优质农产品有效供给以及促进农民持续增收等基本任务顺利完成，发挥黑龙江生态优势，构建绿色发展产业链、价值链，提升质量效益和竞争力。

  广西着重开展石漠化治理、矿区污染治理以及土壤重金属修复，全力消除环境风险隐患，保障生态环境安全。加强固体废物、危险废物的监管和安全处置，全面完成饮用水水源地专项整治，加强海洋环境保护，加强农业面源污染整治，强化城市黑臭水体及污水垃圾治理等等。

试点项目并未仅仅局限于政策文件的内容，一些项目设计拓展了"全方位系统综合治理"的内涵，例如城乡人居环境治理、国家生态文明建设区、生态移民与扶贫等等。其中，广东、新疆、四川等试点项目提到了人居环境或区域居民生活质量提升指标。2018年10个试点项目实施方案的专家评审意见中，也体现了广义"系统治理"的思路，例如建议一些地方省市"发挥自然资源禀赋优势，因地制宜推进生态产业化发展，提高优质生态产品产出""做好生态移民搬迁与生态保护协调统筹""与脱贫攻坚、资源型经济转型的统筹推进、协同发展""以生产、生活、生态三生空间功能提升为导向，统筹考虑"等。

内蒙古乌梁素海流域山水林田湖草生态保护修复试点工程是全国最大山水林田湖草修复试点工程，中国第三批山水林田湖草工程的重点项目，担负着14700平方公里的流域治理和全国最大面积的沙漠治理工作。乌梁素海试点工程施工环境恶劣，工程难度大、任务重，又包含了沙漠治理工程、矿山地质环境综合整治、水土保持与植被修复、河湖连通与生物多样性保护、农田面源及城镇点源污染综合治理等多种治理类型，在国内尚无成功案例与可供借鉴的经验。

乌梁素海试点工程原始自然条件非常恶劣而且极其复杂，乌兰布和土地荒漠化严重，生态环境受到严重破坏，荒凉荒芜；乌拉山水土流失严重，植物无法生存，自然条件恶劣导致气候恶化，进一步恶化了植物生存条件；乌梁素海水堤被海水和山洪长期冲蚀，已基本丧失防护功能，极易形成局部干旱和内涝，无法保证河套平原农作物生长；全流域因矿业开发造成部分堤坝坍塌、水质污染、景观损毁、植被退化、生物消失……

通过建设者们连续奋战，修复治理生态环境，沙尘暴频次大幅度减少，沙漠逐渐变小、迁移速度减缓，每年减少近百万立方米黄沙流入黄河，荒漠化得到初步控制。增加森林植被面积 3.3 万亩，有效减少了区域地表径流和水土流失，荒漠荒山重新披上绿装。地质灾害与气象灾害大幅度减少，生态安全得到妥善保护。同时生产与交通环境得到根本改善，经济活力显著提升。山水林田湖草生态保护修复试点工程是中国切实践行"两山"理论与绿色发展观的缩影，代表着全社会治理环境、保护环境的决心与行动，集中展现出中国全力打造生态屏障、共同守护绿水青山、全力提高民生福祉、齐心建设美丽家园的勃勃雄心。

乌梁素海综合整治工程景观

GREEN

第六章

推进绿色"一带一路"倡议

DEVELOPMENT

2013年,习近平总书记提出建设"丝绸之路经济带"和"21世纪海上丝绸之路"(以下简称"一带一路")的倡议,成为中国推动南南合作和全球可持续发展的重要举措。在全球经济复苏乏力、经济社会发展与环境制约因素矛盾日渐突出的战略环境下,"一带一路"倡议成为应对可持续发展、实现人类命运共同体的有效行动。习近平总书记指出,当今世界正经历百年未有之大变局,以共建"一带一路"为实践平台推动构建人类命运共同体,符合中华民族历来秉持的天下大同、天下一家的天下观。目前,广大发展中国家加快工业化、城镇化,进而实现经济独立和民族振兴方兴未艾,中国作为发展中国家的一员,在世界民族复兴的历史进程中,在做好自身发展工作的同时,还有责任和义务为全人类的发展和福祉贡献一份力量。

"一带一路"倡议提出6年多以来,中国推动"一带一路"建设已取得积极成效,不仅加大了对"一带一路"沿线国家的贸易与投资,更有效带动了当地就业和经济发展。截至2018年8月,中国已经同103个国家和国际组织签署了118份"一带一路"方面的合作协议,共建"一带一路"倡议和共商共建共享的核心理念已经写入联合国等重要国际机构成果文件。[1] 中国商务部新闻发言人表示,"一带一路"

---

[1] 一带一路,朋友多、路好走(在国新办新闻发布会上). 人民日报, 2018-08-28.

建设实施以来，中国企业在沿线国家已经建设了 75 个境外经贸合作区，累计投资 255 亿美元，上缴东道国的税费将近 17 亿美元，为当地创造就业岗位将近 22 万个。[2]

一、以政策沟通扩展绿色合作

中国政府通过各种重要场合和形式向世界阐述了"一带一路"倡议的绿色发展理念，始终本着平等、合作、开放的原则，以政策沟通为先导，积极构建多边合作机制，支撑绿色"一带一路"国际合作体系的建设，凝聚共识形成绿色发展合力，为"一带一路"倡议的落实和开展描绘出了一张绿色蓝图和路线图。

作为"一带一路"倡议的首要保障，中国政府于 2017 年 5 月举办首届"一带一路"国际合作高峰论坛，联合国秘书长、红十字国际委员会主席等国际组织负责人以及俄罗斯总统等 29 位外国元首或政府首脑在北京参加了高峰论坛。论坛围绕"加强国际合作，共建'一带一路'，实现共赢发展"主题取得了共 76 大项、270 多项具体成果。2019 年 4 月，在中国政府举办的第二届"一带一路"国际合作高峰论坛上，形成了包括中方提出的举措或发起的合作倡议、在高峰论坛期间或前夕签署的多双边合作文件、在高峰论坛框架下建立的多边合作平台、投资类项目及项目清单、融资类项目、中外地方政府和企业开展的合作项目等在内的，共 6 大类 283 项具体成果。

---

[2] "一带一路"有望推动全球贸易增长 12%：减少各国之间贸易成本. 环球时报网（财经），http://finance.huanqiu.com/chanjing/2018-06/12202090.html?agt=62.

中国政府出台了一系列政策，明确推进绿色"一带一路"建设。2015年3月，国家发展改革委、外交部、商务部联合发布了《推动共建丝绸之路经济带和21世纪海上丝绸之路的愿景》，明确提出了加强生态环境合作，共建绿色"一带一路"的主张。[3]2017年5月，生态环境保护部等多部委联合发布了《关于推进绿色"一带一路"建设的指导意见》，系统阐述了要在"一带一路"沿线建成务实高效的生态环保合作交流体系、支撑与服务平台和产业技术合作基地，制定落实一系列生态环境风险防范政策和措施。2018年10月，在《"十三五"生态环境保护规划》中设置了"推进'一带一路'绿色化建设"专门章节，统筹规划未来五年"一带一路"生态环保总体工作。[4]2019年4月，推进"一带一路"建设工作领导小组办公室发布《共建"一带一路"倡议：进展、贡献与展望》报告，指出中国坚持《巴黎协定》，积极倡导并推动将绿色生态理念贯穿于共建"一带一路"倡议，中国与联合国环境规划署签订了关于建设绿色"一带一路"的谅解备忘录，同时与30多个沿线国家签署了生态环境保护的合作协议，建设绿色丝绸之路已经成为落实联合国2030年可持续发展议程的重要路径，中国与100多个来自相关国家和地区的合作伙伴共同成立了"一带一路"绿色发展国际联盟。

从2017年开始，我国政府搭建了以高峰论坛为引领的"一带一路"

---

[3] 参见习近平在第二届"一带一路"国际合作高峰论坛开幕式上的主旨演讲（全文），新华网，2019年4月26日，http://www.xinhuanet.com/world/2019-04/26/c_1210119584.htm.
[4] 参见国务院印发《"十三五"生态环境保护规划》，http://www.gov.cn/xinwen/2016-12/05/content_5143464.htm.

国家战略对接与政策沟通的新机制，将共建"一带一路"的合作范围从亚欧大陆逐步拓展到西欧区域、南太平洋地区、拉丁美洲、非洲等地区，并在一定程度上扭转和改变了部分欧洲国家对"一带一路"倡议的观念。2019年3月，意大利与我国签署了"一带一路"合作谅解备忘录，标志着G7成员国开始加入到"一带一路"朋友圈中。瑞士、卢森堡随后与我国签署共建"一带一路"备忘录，"一带一路"建设不断取得突破性进展。截至2021年12月，我国已经与145个国家和32个国际组织签署了超过200份合作文件。与我国达成合作意向的国家包括发展中国家、发达国家，以及联合国开发计划署、联合国人口基金等国际组织，为以绿色"一带一路"为代表的全球绿色发展扩展了合作范围、丰富了合作渠道、夯实了合作基础。

二、以设施联通优化绿色基础设施项目

基础设施互联互通是当前制约"一带一路"沿线国家深化合作的薄弱环节，也是促进"一带一路"建设推进的重要引擎。无论是基础设施建设还是其他产业投资项目，必须严格遵守所在国家或地区的生态环境状况和相关环保法律法规要求，根据主体功能区划分原则，识别优化开发、重点开发、限制开发和禁止开发等区域层级；开展环境综合评价，科学组织产业布局；加强积极应对气候变化、常规环境污染事件应对机制的合作交流，提升生态环境建设综合质量，共享生态文明建设成果。

以中非合作为例，绿色发展理念已经与共建"一带一路"相融

亚吉铁路

合，贯彻到产业发展、基础设施建设等多个领域。地处非洲之角的吉布提是21世纪海上丝绸之路的重要节点，埃塞俄比亚属于内陆国家，进出口主要依赖吉布提的港口，90%以上的进出口物资经由吉布提港。中国企业克服种种困难为两国修建了一条采用清洁能源的电气化铁路，采用中国高智能化新能源客车和纯电动大巴搭载5G、大数据、人工智能等技术，利用当地的风力实现可再生能源发电优势，实现了交通工具脱碳，减少了埃塞俄比亚对石油产品的高度依赖性，形成了绿色低碳的交通运输方式。来往亚的斯亚贝巴和吉布提两地的时间从公路运输的7天降至10个小时，亚吉铁路正在成为东非运输的主要通道，大大缩减了埃塞俄比亚出口产品运抵吉布提港的时间。埃塞俄比亚拥有巨大的水电潜力，但石油产品稀缺，亚吉铁路是一条电气化铁路，符合埃塞俄比亚绿色发展战略，加快了交通运输部门的可持续转型，促进了埃塞俄比亚绿色经济发展，增强了当地企业竞争力。此外，中国可再生能源技术通过"一带一路"向非洲转移，不仅推动了当地产业的发展，改善了国民生活和生计水平，同时拉动了两国以及周边国家和非洲内陆地区绿色可持续发展。

肯尼亚是 21 世纪海上丝绸之路连接东非地区的支点，中国企业承建的蒙内铁路根据沿线野生动物迁徙种类、路径和活动习性，专门设置了野生动物通道、隔离栅栏、饮水涵洞，这些举措获得了国外媒体的大力称赞。在卢旺达，环境友好型农业项目的菌草种植技术深

卢旺达水土流失防治

受欢迎，将菌草同果树、玉米和大豆等当地传统作物进行间作和套种，不仅帮助当地解决了食品来源和生计问题，还能护坡固土，防止水土流失。[5] 相关据显示，在尼罗河源头卢旺达，种植巨菌草土壤流失率比种植玉米减少了 97.05% 至 98.9%，水流失量减少了 80% 至 91.9%。这种"以草代木"的创新模式，消除了以往菌类生长对木材依赖而导致的林业破坏，从根本上解决了栽培蘑菇等食药用菌类需大量砍树的"菌林矛盾"。中非绿色农业合作不仅有效解决了当地严重的水土流失问题，同时帮助其农业绕过高污染发展阶段，向具有高附加值的绿色农业转移。

三、以贸易畅通提升绿色发展水平

从 2015 年到 2019 年，我国与"一带一路"沿线国家货物贸易总额超过 6 万亿美元，极大地调动了各国参与"一带一路"建设的热情。中国政府已与巴基斯坦、伊拉克、斯尔维亚等 30 个国家签署了经贸协议，与 60 余个国家及国际组织共同发布了推进"一带一路"贸易畅通合作倡议。中国政府与格鲁吉亚、斯里兰卡等国家签署了自贸协定、促进经济投资与合作框架协议等文件，规划出确保"一带一路"贸易畅通的顶层设计。此外，国家商务部、发展和改革委员会、农业农村部、海关总署等职能部门也与尼泊尔、哈萨克斯坦、越南、荷兰

---

[5] 李一丹."一带一路"与中非合作对接实现绿色发展. 中国一带一路网，https://www.yidaiyilu.gov.cn/ghsl/gnzjgd/69361.htm.

等国家就加强贸易投资与经济合作，推进农业改良、电子商务、国际物流以及重点行业产能合作及融资合作等具体事项签署了合作文件，丰富了贸易畅通的形式与内容。

2018年11月，中国国际进口博览会作为全球首个以进口为主题的大型国家级展会，首届展会在上海召开，达成了包括智能及高端装备、食品及农产品等行业在内的578.3亿美元意向成交额，此外，与"一带一路"沿线国家累计意向成交47.2亿美元。[6] 中国进口博览会以"新时代，共享未来"为理念，积极打造全球包容、开放合作、互惠发展的新型国际公共平台，让世界共享"新时代"中国发展成果，推动经济全球化朝着更加开放、包容、普惠、平衡、共赢的方向发展，构建了国际采购、投资促进、人文交流、开放合作的新模式。

中国发布了《关于推进共建"一带一路"绿色发展的意见》，旨在进一步推进共建"一带一路"绿色发展，让绿色切实成为共建"一带一路"的底色。在双方对外贸易中，鼓励企业赴境外设立聚焦绿色低碳领域的股权投资基金，推动投资朝着软性商品价值链绿色化的方向迈进。以中欧班列、陆海新通道等大通道和信息高速路为骨架，以铁路、港口、管网等为依托，打造国际陆海绿色贸易新通道，拓展丝路电商全球布局，建设"一带一路"电子商务大市场，构建与外贸规模相适应的国际物流体系。

在贸易畅通领域，提升产业合作绿色度，完善绿色供应链，有助于加强"一带一路"高质量绿色发展。一方面，这样能够提升产业合

---

[6] https://www.sohu.com/a/274553109_313745

作中的绿色化程度，通过着力开展科技含量高、资源消耗低、环境污染少的示范性产业合作项目，鼓励企业赴境外设立聚焦绿色低碳领域的股权投资基金，推动共建"一带一路"国家向绿色经济转型；另一方面，通过加强绿色供应链国际合作与示范，支持绿色产品贸易蓬勃发展，能大幅提升绿色生产、绿色采购和绿色消费等全生命周期绿色贸易水平。

四、以资金融通推动产业绿色升级

"一带一路"沿线主要为发展中国家，发展阶段与资源禀赋存在较大差异，多数国家面临着巨大的经济与社会发展任务，其中部分国家同时面临着严峻的减贫脱贫任务。目前由于生产要素缺乏有效整合利用，这些国家的发展潜力尚未充分发挥，一旦人口、资源、资本等生产要素得到集约优化，基础设施建设得到发展完善，则后发优势显著。

2014年，由中国外汇储备、中国投资有限责任公司、中国进出口银行、国家开发银行共同出资，成立了服务于中长期开发投资的丝路基金，为"一带一路"建设提供市场化、国际化、专业化的投融资服务。2015年4月，丝路基金投资中巴经济走廊优先实施项目之一的卡洛特水电站。以能源项目作为丝路基金的第一个支持项目，体现了中国始终倡导的共谋全球绿色发展的理念。中国财政部与亚洲开发银行、亚洲基础设施投资银行、欧洲复兴开发银行、欧洲开发银行、新开发银行、世界银行集团等多边机构就推进"一带一路"倡议签署了金融合作谅解备忘录，设立了多边开发融资合作中心。中国国家开发银行、中国进出口银行等就"一带一路"资金融通开展了基础设施专项贷款、产能合作专项贷款、金融合作专项贷款等金融服务，并根据"一带一路"建设需要不断调整和提高额度。此外，中国还推动了亚洲金融合作协会的成立，以"联通合作，共治共享"为宗旨，积极维护地区和全球金融市场的稳定。2017年11月，亚洲金融合作协会成功举办了主题为"亚欧金融合作新篇章"的"亚金协·中东欧金融前沿问题高峰论坛"。截至2018年底，亚洲基础设施投资银行已拓展至93名成员，累计批准贷款约75亿美元，撬动相关投资近400亿美元。同时，国家开发银行、中国进出口银行在沿线国家贷款余额约2500亿美元，中国出口信用保险公司在沿线国家累计实现保额6000多亿美元，建立起常态化的资金融通服务机制。

从企业国际化发展视角，新国际分工理论认为跨国公司需要在全球范围内合理配置资源，寻找满意的生产地，尤其是将一些常规的、技术含量低的生产过程转移到欠发达国家，改变了以往只在这些国家进行原料生产或初级加工、而在发达国家进行最终产品生产的国际劳动分工格局。从"一带一路"倡议分析，科学合理的国际分工不仅可以实现产业输入输出地发展的双赢，减少不必要的中间环节与交易成本，而且从生态建设、能源有效利用方面能够实现生产要素的有效配置，建立国际资源配置示范机制，同时也是促进绿色发展和开展生态文明建设的过程。

中国对"一带一路"沿线投资行业有明显的集聚化趋势。Mergermarket数据显示，中国对"一带一路"沿线国家跨国并购的行业分类数据中，排名前 5 名的行业分别是能源（占比 55.6%）、金属开采及冶炼业（占比 11.6%）、交通制造业（占比 8.2%）、地产业（占比 6.8%）、科技教育（占比 5.1%），表现出明显的资源寻求型特征，资源类并购占比 67.2%。比如中国－阿拉伯国家"1+2+3"合作格局[7]对绿色化的要求较高，绿色化是合作主轴。中国－阿拉伯国家"1+2+3"合作格局中，"1"是能源开发绿色化，"2"是强化基础设施绿色低碳化建设和投资贸易生态化，"3"是核能、航天卫星、新能源三大高新领域绿色化。[8]

五、以民心相通共谋民生福祉

中国政府依托绿色"一带一路"建设，不断加大在科技交流、教育合作、文化旅游、对外援助等方面的合作力度，增加了就业，美化了环境，改善了民生，促进了当地经济的复苏和社会发展。中国政府与世界粮食计划署、世界卫生组织、红十字国际委员会等多个国际组织签署援助协议，积极应对贫困、饥饿等问题。中国及有关机构分别与联合国教科文组织签署了《中国—联合国教科文组织合作谅解备忘录》《关于开展教育信息化合作的谅解备忘录》等实质性文件，在"一带一路"倡议框架内共同搭建远程开放教育平台，在终身教育等领域开展深度合作。中国已与 24 个"一带一路"沿线国家签署了高等教

---

[7] 王文, 杨凡欣."一带一路"与中国对外投资的绿色化进程.中国一带一路网, https://www.yidaiyilu.gov.cn/ghsl/gnzjgd/112128.htm.

[8] 习近平.做好顶层设计，构建"1+2+3"中阿合作格局.新华网, http://www.xinhuanet.com/politics/2014-06/05/c_1111000667.htm.

育学历学位互认协议,推进知识共享与教育资源共享。中国政府向南南合作援助基金增资10亿美元,用于在"一带一路"沿线国家建设100个"幸福家园"、100个"爱心助困"、100个"康复助医"等民生福利项目。此外,还提供了10亿美元用于落实难民援助、青少年难民教育等面向"一带一路"沿线国家的国际援助。中国生态环境部牵头建设"一带一路"生态环保大数据平台,与联合国环境规划署共同发起建立"一带一路"绿色发展国际联盟的倡议,为绿色发展积极构建合作体系。

此外,中国民间组织国际交流促进会联合国内80余家民间组织启动了《中国社会组织推动"一带一路"民心相通计划》,和150余家中外民间组织共同成立了"丝路沿线民间组织合作网络",已有310家成员,快速成为推动"一带一路"沿线各国民间友好合作的重要枢纽。

城市是"一带一路"绿色发展合作的主阵地,开展城市间的合作交流、发挥资源互补优势是提高民生福祉的重要内容。"一带一路"城市绿色经济发展大会至2018年10月已经召开三届,重点关注如何在城市层面实现可持续的工业发展,并促进经济和基础设施建设,会议由工发组织和南南合作金融中心共同主办,旨在推动一带一路倡议的实施,进而落实与其高度契合的《联合国2030年可持续发展议程》。[9]

---

[9] 第三届"一带一路"城市绿色经济发展大会开幕. 中国一带一路网, https://www.yidaiyilu.gov.cn/xwzx/hwxw/68512.htm.

GREEN

第七章

落实 2030 年可持续发展议程

中国改革开放的 40 年，不仅见证和经历了全球可持续发展进程，而且作为发展中大国，也积极推进可持续发展战略，为全球可持续发展进程做出了巨大的贡献。[1]2030 议程通过之际，习近平总书记也再次向世界郑重承诺，将以落实 2030 议程为己任，团结协作，推动全球发展事业不断向前。2018 年 7 月 7 日，习近平总书记致生态文明贵阳国际论坛 2018 年年会的贺信中说，"生态文明建设关乎人类未来，建设绿色家园是各国人民的共同梦想。国际社会需要加强合作，共同努力，推动实现全球可持续发展。"[2]

一、以生态文明建设推动落实 2030 议程

　　1987 年，联合国世界环境与发展委员会发表《我们共同的未来》的报告，报告第一次提出"可持续发展"概念。1992 年 6 月，联合国在巴西里约热内卢举行了"世界环境与发展大会"，通过《里约宣言》《21 世纪议程》和《生物多样性保护公约》，"可持续发展"已从理论进入行动。里约会议之后，中国率先制定《中国 21 世纪议程——中国

---

[1] 陈迎. 可持续发展: 中国改革开放年的历程与启示 [J]. 人民论坛·学术前沿, 2018, (20).
[2] 习近平向生态文明贵阳国际论坛 2018 年年会致贺信. 新华网, 2018-07-07. http://www.xinhuanet.com/2018-07-07/c_1123092421.htm.

21世纪人口、环境与发展白皮书》[3]，明确将可持续发展作为国家战略，长期积极推动可持续发展战略在中国的落地实施。在2015年9月的联合国大会上通过的《改变我们的世界：2030年可持续发展议程》，提出了国际社会消除贫困、实现可持续发展的17个目标（Sustainable Development Goals：SDGs）。生态文明作为有中国特色的可持续发展，既是对未来人类社会发展方向的指引，同时也是对当前发展方式的科学规划。SDGs是新世纪全球可持续发展的最新进展。中国的生态文明理论与全球可持续发展的理念具有相似性，《2030年可持续发展议程》提出了人类（People）、地球（Planet）、繁荣（Prosperity）、和平（Peace）以及伙伴关系（Partnership）的5P愿景，从人与人、人与自然、人与社会的角度对未来全球的发展描绘了宏伟蓝图。习近平总书记在2019年中国北京世界园艺博览会开幕式上提出了"五个追求"，即"我们应该追求人与自然和谐""我们应该追求绿色发展繁荣""我们应该追求热爱自然情怀""我们应该追求科学治理精神"和"我们应该追求携手合作应对"，这是新时代生态文明建设的指南，为全球生态文明建设提供了理念支撑。从"5P"到"五个追求"，可以看出，二者具有高度的相似性和相容性。

二、中国推动落实2030议程的战略和行动

2030年可持续发展议程的提出为全球发展描绘了新愿景。中国

---

[3] 中国21世纪议程——中国21世纪人口、环境与发展白皮书. 国务院, 1994-03-25. https://max.book118.com/html/2018/0910/5204031213001313.shtm.

作为最大的发展中国家,对于推动落实 2030 可持续发展议程一直都是持积极、开放的态度。近年来中方发布了一系列立场文件,在这些文件中也都反复表达了中国致力于成为落实 2030 议程的先行者,希望为全球的可持续发展贡献中国力量。2015 年 5 月,中国外交部发布《2015 年后发展议程中方立场文件》[4],全面阐述了中国对于 2015 年后发展议程的立场和主张。中国提出应聚焦核心议题、发展模式多样化、"共同但有区别的责任"原则、合作共赢和平等协商五个基本原则,并提议重点关注消除贫困、社会进步和生态文明建设三大领域。

2030 议程通过后,中国积极部署落实,进一步展现了中国在全球治理中发挥的积极和建设性作用。2016 年 4 月,中国外交部在国际上率先发布了《落实 2030 年可持续发展议程中方立场文件》[5]。文件提出和平发展、合作共赢、全面协调、包容开放、自主自愿和"共同但有区别的责任"六项总体原则;明确了消除贫困和饥饿、保持经济增长、推动工业化进程、完善社会保障和服务、维护公平正义、加强环境保护、积极应对气候变化、有效利用能源资源和改进国家治理等八个方面的重点领域和优先方向。[6] 在此基础上,中国还向国际社会提出了有关实施途径的五个方面建议。最后,立场文件简要介绍了中国落实 2030 年可持续发展议程的相关政策和行动。

从 2015 年开始,中国为积极推动落实 2030 年可持续发展议程,

---

[4] 2015 年后发展议程中方立场文件. 外交部, 2015-05-13. https://www.fmprc.gov.cn/web/ziliao_674904/tytj_674911/zcwj_674915/t1263453.shtml.
[5] 落实 2030 年可持续发展议程中方立场文件. 外交部, 2016-04-22. https://www.fmprc.gov.cn/web/wjb_673085/zzjg_673183/gjjjs_674249/xgxw_674251/t1356278.shtml.
[6] 陈迎.G20 为推动落实 2030 年可持续发展议程注入新动力. 中国环境监察, 2016, (08).

参与和加入了一系列国际合作和国际组织。在这些国际平台上,中国总会适时地将2030议程的愿景与核心内容向世界宣讲,并主动将中国在落实2030年可持续发展议程中的经验与世界分享。这一方面有助于2030议程在更广范围内被世人所接受,同时也彰显了中国在推动该议程时的坚定决心和信念。

2015年是联合国成立70周年,习近平总书记发表了《携手构建合作共赢新伙伴 同心打造人类命运共同体》的讲话,提出"公平、开放、全面、创新"的发展理念,全面阐述中国对全球发展问题的看法,要"继承和弘扬联合国宪章的宗旨和原则,要构建以合作共赢为核心的新型国际关系,打造人类命运共同体",倡议国际社会加强合作,共同落实2015年后发展议程,努力实现合作共赢。[7] 同时宣布设立中国—联合国和平与发展基金、南南合作援助基金,成立国际发展知识中心、南南合作与发展学院,免除最不发达国家、内陆发展中国家、小岛屿发展中国家部分政府间无息贷款债务等一系列重大举措。2016年,中国—联合国和平与发展基金正式投入运行。同年,中国宣布设立200亿元人民币的中国气候变化南南合作基金。2017年5月,习近平总书记宣布为南南合作援助基金增资10亿美元。目前,其他相关落实工作也都取得了积极成效。在南南合作框架下,中国还积极为其他发展中国家落实可持续发展议程提供力所能及的技术和能力建设支持。2016年,中国援助实施各类工程及物资项目近250个,培训各类人才2.9万名。[8]

---

[7] 习近平. 携手构建合作共赢新伙伴 同心打造人类命运共同体. 2015-09-28. http://politics.people.com.cn/n/2015/0929/c1024-27644905.html.

[8] 中国落实2030年可持续发展议程国别方案. 外交部, 2016-10-12. https://www.fmprc.gov.cn/web/zyxw/t1405173.shtml.

中国政府高度重视 2030 年可持续发展议程的落实，近年来，针对这一议程也制定了相关政策。2016 年 10 月 26 日发布的《中国落实 2030 年可持续发展议程国别方案》，在议程落实途径方面迈出了重要一步。该方案在回顾中国落实千年发展目标的成就和经验的基础上，分析了推进落实可持续发展议程面临的机遇和挑战，明确了中国以五大发展理念为指导思想推进落实工作的主线。从七个方面入手，分步骤、分阶段推进落实 2030 年可持续发展议程。中国落实 2030 年可持续发展议程并不是照本宣科，而是将其内化到国家"十三五"规划中，深化和细化到各个地方和部门，通过政策引导加以落实。2030 年可持续发展议程不仅推动了全球环境治理，也为中国提供了在全球环境治理中发挥更大作用的舞台。2017 年 8 月，中国启动国际发展知识中心，该中心发布的《中国落实 2030 年可持续发展议程进展报告》在落实情况的监督和反馈方面向世界表明了中国的态度。报告系统回顾了 2015 年 9 月以来中国落实 17 个可持续发展目标的实际进展情况、面临的挑战以及下阶段工作设想。此前，作为首批提交的 22 个国家之一，中国还向联合国高级别政治论坛提交了自愿国家报告（VNR）。

金砖国家（BRICS）特指全球新兴经济市场，"金砖国家"合作机制的形成，使得全球新兴经济体的国际影响力也日益增强。2016 年 10 月 17 日，第八届金砖国家领导人在 G20 峰会后再次在印度果阿重聚并通过了包含 109 项内容的《果阿宣言》[9]，其中大部分内容已在 G20 杭州峰会时就达成了一致。在中国的努力下，该宣言重申了包括

---

[9] 金砖国家领导人第八次会晤果阿宣言. 新华网，2016-10-16. http://www.xinhuanet.com//world/2016-10/17/c_1119727552.htm.

"共同但有区别的责任原则"在内的落实 2030 年议程指导原则，呼吁发达国家履行将国民总收入的 0.7% 用于官方援助的承诺，欢迎建立联合国技术促进机制，促进落实可持续发展目标方面的技术交流。在中国倡导下各国领导人还承诺将结合本国国情和发展政策，在落实 2030 年可持续发展议程方面发挥表率作用。2017 年 9 月 3 日，金砖国家领导人第九次会晤在厦门举行，习近平总书记指出新兴市场国家和发展中国家应加强团结协作，共同落实 2030 年可持续发展议程，探索一条经济、社会、环境协调并进的可持续发展之路，并呼吁国际社会把发展置于宏观政策协调的重要位置。在会议通过的《金砖国家领导人厦门宣言》[10] 中，金砖国家在清洁和可再生能源、应对气候变化、消除贫困、生态环境治理、农业发展以及反腐败等方面的绿色发展阶段性问题再次被提及，并对加强合作、扩大绿色融资，以及多关注非洲大陆在自主和可持续发展方面的挑战提出相应建议。

2018 年 7 月 25 日，金砖国家领导人第十次会晤在南非约翰内斯堡举行，会议再一次采纳中国方案，采用了同厦门峰会相同的"金砖+"对话会形式，广邀其他非洲国家参与其中，确立了"金砖+"的合作理念，强化了合作与多边主义原则。习近平总书记发表了题为《顺应时代潮流 实现共同发展》[11] 的重要讲话，全面阐述了构建新型大国关系和人类命运共同体的努力方向，将合作与多边主义作为落实 2030 议程、推进全球治理的重要途径。在《金砖国家领导人第十次会晤约翰内斯

---

[10] 金砖国家领导人厦门宣言. 国防部, 2017-09-04. http://www.mod.gov.cn/topnews/2017-09/04/content_4790820.htm.

[11] 习近平. 顺应时代潮流 实现共同发展. 2018-07-25. http://www.sohu.com a/244359564_180481.

堡宣言》[12]中，各国普遍赞同中国对于落实2030议程的主张，重申了多边主义对于应对气候变化、生物多样性等生态安全与全球安全领域的重要意义，这是世界对中国引领全球绿色发展的期待，也是中国对世界的回应。

三、建设可持续发展议程创新示范区

国家可持续发展议程创新示范区是为了破解新时代社会主要矛盾、落实新时代发展任务，作出示范并发挥带动作用，为全球可持续发展提供中国经验而作出的重要决策部署。2018年3月，国务院正式批复，同意深圳市、太原市、桂林市建设国家可持续发展议程创新示范区。2019年5月14日，国务院分别批复同意湖南省郴州市、云南省临沧市、河北省承德市建设国家可持续发展议程创新示范区。

建设国家可持续发展议程创新示范区，主要有以下四项基本任务：一是参照2030年可持续发展议程，结合各地实际需求，因地制宜地制定可持续发展规划；二是围绕制约可持续发展的瓶颈性问题，加强技术筛选，明确技术路线，形成成熟有效的系统化解决方案；三是增强整合及汇聚创新资源、促进经济社会协调发展能力，探索科技创新与社会发展相融合的新机制；四是积极分享科技创新服务可持续发展的经验，对相关地区形成辐射带动作用，进而向世界提供可持续发展的中国方案。

---

[12] 金砖国家领导人第十次会晤约翰内斯堡宣言. 新华网, 2018-07-25. http://www.xinhuanet.com//2018-07/27/c_1123182948.htm.

中国南方城市郴州，水域广泛，植被茂盛，森林覆盖率达67.98%，自古被誉为"林中之城"，自然资源十分丰富。但是因为历史上矿产资源长期无序开采、生产方式粗放落后，加之东江湖是湘江流域重要的饮用水源，也是生态补水、防洪调峰、保护生物多样性的战略水资源，受到以上多重制约因素的叠加作用，郴州市因此出现了"靠水无法吃水"的发展难题，经济发展甚至部分群众生产生活都出现了压力，使得郴州经济社会可持续发展遇到了瓶颈。为了实现社会经济发展目标，郴州市紧紧围绕《联合国2030年可持续发展议程》和《中国落实2030年可持续发展议程国别方案》，按照《中国落实2030年可持续发展议程创新示范区建设方案》要求，聚焦水资源利用效率低、重金属污染等首要问题，实施水源地生态环境保护、重金属污染及源头综合治理、城镇污水处理提质增效、生态产业发展、节水型社会和节水型城市建设，将"水源""矿山"变成经济发展的"财源""金山"。全市紧紧围绕"水资源可持续利用和绿色发展"主题，对水资源、水环境采取强制治理，在优先保护环境的前提下产业引导以"疏""堵"结合的方式，对东江湖流域内124.69万亩林地实行全面封山育林、禁伐保护，实施治理66个项目，全方位落实环保措施。

郴州市发挥科技动能，通过打造水环境生态农业产业、旅游产业、康养产业、大数据产业等高效益产业，积极打造生态产业。利用冷水资源助力全国乃至亚洲最节能环保的"绿色数据谷"建设，吸引了阿里巴巴、腾讯等企业入驻；开发实施冷热联供先进技术，为办公楼和厂房长期提供冷、热气资源和生活热水，致力于打造全球首座"水冷空调城"；盘活地下热水资源，以温泉为依托探索出"温泉+N"综合

郴州市

利用模式，推动休闲旅游、康养、文化、医疗等关联产业融合发展，延长温泉产业链，进一步提升"中国温泉之城"品牌。

郴州市统筹各类创新资源，深化体制机制改革，打造生态产业品牌化、主导产业精品化、资源利用高端化、绿色产业特色化的现代化绿色发展模式，以切实经济效益带动社会效益，极大地强化了企业、公众自觉保护资源、爱护环境的环保意识与积极性，形成可操作、可复制、可推广的有效模式，为落实2030年可持续发展议程提供中国式绿色发展的实践经验。

太原市以资源型城市转型升级为主题，围绕产业、能源和交通低碳转型，积极探索创新发展和可持续生产与消费模式，努力走出了一条产业优、质量高、效益好、可持续发展之路。2019 年，三次产业比重为 1.1%、37.7%、61.2%，其中，装备制造业、新材料产业、电子设备制造产业共完成投资 90.9 亿元，新材料产业实现正增长；新能源装机总量 54 万千瓦；完成农村地区"煤改电"62706 户；实现市区 35 吨以下燃煤锅炉"清零"，替代拆除 20 吨以下燃煤锅炉 168 台；完成 22.6 万户农村清洁供暖改造；26 个城中村完成整村拆除，拔掉土小锅炉 1.2 万台，市区在用 65 吨以上燃煤锅炉全部实现超低排放改造；539 台燃气锅炉完成超低排放改造；城区 8292 辆出租汽车全部更新为纯电动车，新购 2600 辆清洁能源公交车。

深圳市积极探索碳排放权交易、绿色低碳新能源汽车跨越式发展、城市碳排放达峰和空气质量达标双达行动等，协同推动经济高质量发展和生态环境高水平保护。截至 2019 年，深圳市碳交易市场涵盖了国家 39 类工业行业中的 26 个行业类产品，深圳市碳排放交易所会员总数达到 2184 家，碳市场的履约率约 99%，碳市场总成交量从 2017 年的 3500 万吨增长到 2019 年的 7513 万吨；已累计推广纯电动公交车 1.63 万辆，纯电动物流车保有量 7.2 万辆，新能源私家车保有量 21.77 万辆；率先提出了碳排放达峰、空气质量达标、经济高质量发展达标的"三达"理念，牢固树立和践行"绿水青山就是金山银山"的理念，绿色低碳发展与可持续发展理念紧密结合，产生了更大的协同效应。

GREEN

第八章

积极应对气候变化 实现碳达峰碳中和

一、落实《巴黎协定》的相关行动安排

《巴黎协定》签署以来，我国政府在减排温室气体领域开展了积极行动，持续进行产业结构调整升级，不断强化节能降耗，提高能效，控制煤炭消费总量，大力优化能源结构，对工业和农业等领域非能源活动温室气体排放进行控制，增加森林和湿地碳汇，取得了一系列积极成效。

持续优化产业结构，大力发展战略性新兴产业。国务院印发《"十三五"国家战略性新兴产业发展规划》，对"十三五"期间中国战略性新兴产业发展目标、重点任务、政策措施等做出全面部署安排，提出推动新能源汽车、新能源和节能环保等绿色低碳产业成为支柱产业。2020年我国太阳能电池组件占全球市场份额超过70%，新增光伏装机量占全球比重达到37%。截至2021年8月，我国新能源汽车推广超过700万辆，居全球第一，占全球新能源汽车的50%左右，为全球降低碳排放提供了重要的绿色产品支撑。

持续推进高耗能行业去产能。2016年以来，中国发布多项推进高耗能行业去产能的相关政策，"十三五"以来，我国初步建立了落后产能退出的长效机制，出台了钢铁、水泥、平板玻璃、电解铝产能置换的实施办法，提前完成1.5亿吨钢铁去产能的目标，"地条钢"全面

出清。2016 年以来，服务业对国民经济增长的贡献率持续增加，力争建成优质安全、便利实惠、城乡协调、绿色环保的城乡居民生活服务体系。生态环境部印发通知开展第五批环境服务业试点项目工作。

节约能源是中国减少温室气体排放的重要举措，中国多年持续开展能效"领跑者"行动，发布了家用电冰箱、平板电视、转速可调型房间空调等能效"领跑者"产品目录。中国政府大力支持开展重点用能单位能效综合提升、重点行业节能改造、合同能源管理推进、城市道路照明、机场车站码头节能综合改造等节能重点工程；发布《重点用能单位节能管理办法》，推动开展重点用能单位"百千万"行动，推进全国重点用能单位能耗在线监测系统建设；积极开展用能权有偿使用和交易试点。住房和城乡建设部深入开展绿色建筑行动；交通运输部推进现代综合交通体系建设，建立健全绿色交通制度和标准中国应对气候变化的政策与行动体系；国管局和国家发展改革委联合印发《"十三五"公共机构节约能源资源规划》，开展公共机构节能考核。上海、河南等 22 个省（区、市）印发公共机构节约能源资源"十三五"规划。2020 年我国能源消费总量 49.8 亿吨标准煤，比上年增长 2.2%。煤炭消费量同比增长 0.6%，原油消费量同比增长 3.3%，天然气消费量同比增长 7.2%，电力消费量同比增长 3.1%。全国单位国内生产总值二氧化碳排放同比下降 1.0%，相较于 2015 年下降了 18.8%，超额完成了我国向国际社会承诺的 2020 年目标。

中国的能源消费结构一直是以煤为主，为此，中国政府一直持续控制煤炭消费总量。2016 年以来，京津冀等地区开展燃煤锅炉节能环保综合改造、利用余热和浅层地热能替代燃煤为居民供暖等重点工程，减少燃煤消费。煤炭减量替代试点范围进一步扩大，由京津冀、长三角、珠三角重点区域逐步扩展到三大重点区域以及辽宁、山东、河南，项目层面逐步由电力项目扩展到非电项目。2020年，中国煤炭消费量38亿吨，在一次能源中占比达到55.8%，超额实现了"十三五"规划目标。中国还积极推动化石能源清洁化利用。中国国家能源局颁布的《煤炭清洁高效利用行动计划（2015—2020年）》中提出各项目标和要求，稳步推进煤炭工业安全、清洁、高效、低碳发展。在控制煤炭消费的同时，加大非化石能源发展的推动力度，特别是发展天然气、核电、可再生能源等清洁能源，降低煤炭消费比重，推动能源结构持续优化，完善新能源消纳机制，加快能源清洁低碳转型，构建能够适应高比例可再生能源应用的工业。

通过采取综合措施，2018年中国能源结构进一步优化。煤炭消费量已经连续3年下降。一次能源消费中，煤炭、石油、天然气和非化石能源消费量比重分别为59.0%、18.8%、7.8%和14.3%，分别比2015年下降1.7个百分点、持平、提高0.5个百分点和提高1.2个百分点。

中国启动了一系列低碳试点。国家低碳省市试点继续深化，低碳工业园区、低碳社区、低碳城（镇）等试点工作扎实推进，各地区以及工业、建筑、交通等行业也从不同层次、不同方面积极探索各具特色的低碳发展路径和模式，全社会应对气候变化和低碳发展意识不断提高。

为深入推进低碳省区和城市试点，国家发展改革委组织开展了对第一批和第二批低碳省区和低碳城市试点经验的总结评估，各试点省市在加强组织领导、落实低碳理念、探索制度创新、完善配套政策、建立市场机制、健全统计体系、强化评价考核、协同试点示范和开展合作交流等方面形成了一批可复制、可推广的经验和做法。部分地区开展了碳交易、低碳产业园区、低碳城（镇）、低碳产品认证的试点，大多数试点城市已经提出了碳排放达峰目标，积极探索经济发展和碳排放脱钩的路径。2017年1月，国家发展改革委确定在内蒙古自治区乌海市等45个城市（区、县）开展第三批低碳城市试点，低碳省市试点总数达到87个。

开展气候适应型城市建设试点。2017年2月，国家发展改革委、住房和城乡建设部启动了气候适应型城市建设试点工作，综合考虑气候类型、地域特征、发展阶段和工作基础，确定内蒙古自治区呼和浩特市等28个地区为气候适应型城市建设试点，明确了强化城市适应理念、提高监测预警能力、开展重点适应行动、创建政策试验基地、打造国际合作平台等重点任务。

1994年2月26日，中国和新加坡政府正式签署《关于合作开发建设苏州工业园区的协议》，拉开了苏州工业园区开发建设的序幕。苏州工业园区行政区划面积278平方公里，其中，中新合作区80平方公里，下辖4个街道，常住人口约80.78万，产值逾2万亿元。改革开放以来，中国处理经济发展和环境保护之间矛盾的理念，经历了环境污染末端治理、可持续发展、科学发展观、生态文明建设和绿色发展等不同的阶段。苏州工业园区作为国家级工业园区的排头兵，其建设和发展正是中国改革开放40年的一个重要历史见证。苏州工业园区对绿色发展的认识，是一个由表及里、由浅入深、由自然自发到自觉自为的过程，或引领或追随中国不同阶段的绿色发展理念。

园区以生态文明建设为指导，以推进转变经济发展方式为主线，紧密结合苏州工业园区"转型升级攻坚期"的主要任务，探索以生态文明、绿色发展和区域一体化为基础的发展模式。立足空间布局、能源利用、资源利用、基础设施、绿色产业、生态环境以及运行管理等多个领域，以绿色发展的能力建设和管理创新体系为依托，全面推进区域绿色发展。园区通过工业化快速发展带动城市化的推进，进而通过城市化、现代化来支撑高端要素的集聚和产业的优化升级；通过增强工业园区生活服务功能，吸引人才和创新企业留驻，汇集智力、资金等高科技新兴产业发展的关键要素；通过增加交流机会、拓展生态空间、营造创新环境和氛围，最大限度挖掘人才创造潜能；通过增强工业园区金融服务、信息服务等生产服务功能，细化产业分工，降低企业交易成本，推动园区产业发展，逐步实现产业与城市的良性互动、共生共融，探索一条新型工业化与城市现代化有机结合的发展道路。

二、实现碳达峰和碳中和的承诺

自碳达峰碳中和目标愿景提出以来，中国在多个场合表明实现双碳目标的决心。党的十九届五中全会审议通过了《中共中央关于制定国民经济和社会发展第十四个五年规划和二〇三五愿景目标的建议》，把"制定 2030 年前碳排放达峰行动方案"作为"十四五"规划的重要内容。在这一新的历史条件下，加快制定碳达峰碳中和的时间表和路线图，以顶层设计指引二氧化碳减排是中国实现绿色低碳转型和履行国际承诺的重要任务和前提。

中国是二氧化碳排放量最大的国家。根据《BP能源统计年鉴（2020）》，2019年中国二氧化碳排放总量为9825.8百万吨，约占世界二氧化碳排放总量的28.8%。同时，在世界发展格局演化进程中，中国的相对地位发生了根本性的变化，国际社会对中国减排的期望很高。从某种程度上说，只有中国碳达峰，世界才能碳达峰；只有中国碳中和，世界才能碳中和。

气候变化问题具有全局性、系统性的特征，没有一个国家或地区能够避免其负面影响。由于长期行动不足，气候变化从一种正常的自然现象发展为环境问题，又从单纯的环境问题，逐渐演变为更高层面的发展问题，目前已经成为人类发展面临的最大非传统安全挑战。极端气候事件频发，海洋生态系统遭到破坏，"气候难民"数量上升，15个已知的全球气候临界点中已有9个被激活。在《自然》杂志的文章中，科学家认为在先前指出的9个临界点中，超过一半的临界点已经呈现出活跃状态，更有几个临界点处于"接近被触发，或者已经被触发"的状态中。IPCC发布第六次评估报告第一工作组报告称，很多气候变化造成的影响，在百年到千年的时间尺度上是不可逆转的。在保护人类免受气候变化的灾难性影响这一问题上，"我们没有时间可以浪费了"。中国推进碳达峰碳中和将有助于防范灾难性气候"黑天鹅"风险、化解气候变化"灰犀牛"风险，[1]在一定程度上降低气候变化问题带来的经济损失。

---

[1] 潘家华，张莹. 中国应对气候变化的战略进程与角色转型：从防范"黑天鹅"灾害到迎战"灰犀牛"风险[J]. 中国人口·资源与环境，2018, 28(10): 1-8.

2019年末开始蔓延的新冠肺炎疫情给全球带来了自20世纪30年代以来最严重的冲击，正在并将持续对投资、就业、经济乃至应对气候变化行动产生全方位的重要影响。疫情期间温室气体排放量下降的主要原因在于经济活动减少带来的能源需求下降，除非立即采取行动推动产业结构和能源结构调整，否则随着经济复苏，碳排放总量必然会反弹。考虑到过往的全球经济危机复苏过程通常伴随着碳排放水平的大幅跃升，国际社会呼吁各个国家和地区携手推进绿色复苏。

中国碳达峰碳中和的实践路径与绿色复苏逻辑一致。绿色复苏旨在建立一条兼容可持续发展目标、气候目标的经济社会低碳发展路径，在应对生态危机的同时恢复经济发展。中国的碳达峰碳中和兼顾经济发展目标，以能源脱碳推动经济社会绿色低碳转型，目标是在满足人民日益增长的美好生活需要的情况下实现碳中和。两者的关键都在于经济系统快速脱碳，抑制以高碳投资拉动经济的冲动，减少化石能源使用和其他温室气体排放来源。[2]

在后疫情时代，中国的碳达峰碳中和目标向世界发出了明确的信号，即应对新冠肺炎疫情不应也不会成为阻止更大力度行动以应对气候变化的理由。[3] 中国的碳达峰是整体性、系统性、全局性的工作，覆盖了能源电力、工业、交通、建筑等高耗能、高排放部门，涉及生产和消费、基础设施建设和社会福利等各方面。中国将以绿色低碳产业体系发展、绿色基础设施建设等为方向，致力于加强绿色能源、绿

---

[2] 中央财经大学绿色金融国际研究院. 报告发布 | 碳定价机制发展现状与未来趋势 2020 [EB/OL]. http://iigf.cufe.edu.cn/info/1014/3587.htm. 2020-12-08.

[3] 庄贵阳. 绿色低碳发展道路彰显中国责任担当 [N]. 光明日报, 2021-01-25(002).

色金融等领域合作，并完善"一带一路"等多边合作平台。研究表明，大规模的绿色公共投资计划是振兴各国"疫情后"经济以及更有效应对气候变化的方式。与传统的经济措施相比，促进能源效率提升和可再生能源使用的绿色项目创造了更多的就业机会，并为政府带来了更高的短期回报以及长期的成本节约。中国的探索将引领世界经济绿色复苏，为其他国家和地区提供经验借鉴。

从碳达峰到碳中和，中国只有30年左右的时间。这意味着，中国温室气体减排的难度和力度都要比发达国家大得多，也意味着中国的碳达峰碳中和之路不能照搬其他国家和地区的现有经验，只能"摸着石头过河"，在干中学、在实践中摸索。差异性意味着独特性。中国的碳达峰碳中和实践是"用中国理论阐释中国实践"。中国将在发展不平衡不充分的条件下实现碳达峰，并在最短的时间内从碳达峰实现碳中和，这将是一场硬仗和大考。这就需要我们持续推动碳减排与经济社会协同发展，更加重视发展绿色能源产业，加快推进绿色低碳生产、生活方式，开展碳达峰碳中和行动。

碳达峰碳中和需要在"全国一盘棋"的工作思路下，发挥制度优势和市场优势，以协同适配的一揽子政策推进其实现。碳达峰碳中和既关注能源电力、工业、建筑、交通等重点部门，也关注典型城市的引领作用；既需要差异化的行动方案，也需要东中西部地区之间要素禀赋的深度融合。除了巩固自上而下将减排目标层层分解至地方政府部门的传统做法外，也应通过碳定价等政策将减排责任压实至企业，还需要在科技政策、碳金融政策、投融资政策、区域协同政策、监管和评估等方面辅之以配套政策。

在碳达峰碳中和工作领导小组统一部署下，国家发展改革委正会同有关部门制定碳达峰碳中和顶层设计文件，抓紧编制2030年前碳达峰行动方案和分领域分行业实施方案，谋划金融、价格、财税、土地、政府采购、标准等保障方案，加快构建碳达峰碳中和"1+N"政策体系。实际上，中国很多的改革方案都是以"1+N"的形式推出的，比如国企改革方案、生态文明体系建设，这是中国做重大决策时的惯有方式。所谓"1"就是一个总体性的指导意见，"N"就是多个领域、多个方面的配套政策方案。比如，生态文明体系建设的"四梁八柱"就有一个《总体方案》，提出八项制度，包括：自然资源资产产权、国土开发保护、空间规划体系、资源总量管理和节约、资源有偿使用和补偿、环境治理体系、市场体系、绩效考核和责任追究。碳达峰碳中和政策体系采取"1+N"模式，也是先要有一个总体目标，明确基本原则，设定总体框架，然后再分领域分部门，推出一系列相关配套的方案，共同形成一个完整的政策体系。

"1+N"政策体系涉及能源、产业、交通、技术、金融等多个领域，转型和创新是其主旋律。其主要内容包括以下十个方面：一是优化能源结构，控制和减少煤炭等化石能源；二是推动产业和工业优化升级；三是推进节能低碳建筑和低碳设施；四是构建绿色低碳交通运输体系；五是发展循环经济，提高资源利用效率；六是推动绿色低碳技术创新；七是发展绿色金融；八是出台配套经济政策和改革措施；九是建立完善碳市场和碳定价机制；十是实施基于自然的解决方案。[4]

---

[4] 国家应对气候变化战略研究和国际合作中心. 全文 | 解振华详解制定1+N政策体系作为实现双碳目标的时间表、路线图 [EB/OL]. http://www.ncsc.org.cn/xwdt/gnxw/202107/t20210727_851433.shtml. 2021-07-27.

三、积极推进全球气候治理进程

《巴黎协定》是全球应对气候变化的重要里程碑,中国成为第一批签署《巴黎协定》的国家,为推动《巴黎协定》生效做出了巨大贡献。2016 年 9 月,中国在杭州举行了批准《巴黎协定》法律文书交存仪式,国家主席习近平和时任美国总统奥巴马向联合国秘书长分别交存了各自批准《巴黎协定》的法律文书。在中国等国家的积极推动下,多数缔约方加快了批准《巴黎协定》的进程。《巴黎协定》于 2016 年 11 月 4 日正式生效。在中国的积极倡议下,首份气候变化问题主席声明在 G20 峰会上发表,此举为推动气候变化《巴黎协定》尽早生效奠定了扎实的基础,同时也为经济大国绿色低碳伙伴关系的搭建传递了非常积极的信号。

中国坚持"共同但有区别的责任"原则、公平原则和各自能力原则,与其他缔约方共同推进《巴黎协定》实施后续谈判和《巴黎协定》的全面有效实施。巴黎气候大会之后,中国还参加了联合国气候变化马拉喀什会议、波恩会议、卡托维兹会议等谈判会议,就减缓、适应、透明度、能力建设、全球盘点、遵约机制、碳市场等议题提交提案,阐明立场,并与各方充分沟通、协调立场,推动 2018 年波兰第 24 届缔约方大会通过一揽子决定,明确《巴黎协定》的实施细则,就《巴黎协定》实施做出具体安排。中国还积极参加《巴黎协定》授权开展的"塔拉诺阿对话",组织国内相关科研机构、企业和国际组织积极参与"塔拉诺阿对话",广泛多层次参与和支持"塔拉诺阿对话"活动,也让国际社会听到了来自中国企业和科研机构的声音。

不仅如此，中国还参与和推动国际民航组织、《蒙特利尔议定书》、国际海事组织等关于温室气体减排的相关谈判进程，还在亚太经合组织、二十国集团、金砖国家以及多边、双边机制下积极参与和推动《巴黎协定》实施细则和气候变化相关议题的讨论。2017年9月，中国、欧盟、加拿大联合举办了气候行动部长级会议，进一步推动《巴黎协定》缔约方凝聚共识，为国际气候治理进程提供新思路、新动力。

在美国宣布退出《巴黎协定》、全球气候治理进程不确定性增加的背景下，中国领导人多次发表重要讲话，阐述中方立场，维护《巴黎协定》和全球气候治理多边进程。2017年初，习近平总书记在达沃斯论坛2017年年会开幕式上表示，《巴黎协定》符合全球发展大方向，成果来之不易，应该共同坚守，不能轻言放弃，这是我们对子孙后代必须担负的责任。习近平总书记在联合国日内瓦总部演讲时重申中国对《巴黎协定》的坚定支持，呼吁各方要共同推动协定实施，并强调中国将继续采取行动应对气候变化，百分之百承担自己的义务。2017年6月，李克强总理访德期间再次强调，应对气候变化不仅是中国作为发展中大国应承担的国际责任，也是中国转变发展方式的内在需求。中国将继续履行承诺，努力走绿色、低碳、可持续发展之路。中国领导人积极推进气候政策行动的坚定态度，为世界各国坚守《巴黎协定》、坚持《公约》为主渠道的多边气候治理体系注入了强心剂，也促使《巴黎协定》实施细则顺利通过。

四、通过南南合作引领发展中国家开展气候行动

近年来,全球气候变化问题日益严峻,气候变化造成的海平面上升、洪水干旱等极端气候事件等,已经成为小岛国、最不发达国家和广大发展中国家人民生存和发展的最主要威胁。这些发展中国家迫切需要资金和技术支持以提高适应气候变化的能力,以将气候变化造成的生命财产损失降到最低。同时,许多发展中国家刚进入或正处于城市化和工业化进程中,如果能及时获得适用的低碳技术并得到大规模的快速推广,有助于避免高碳的锁定效应,走出一条清洁低碳的发展道路,为实现《巴黎协定》目标和全球气候安全做出更大的贡献。

随着我国经济社会的发展和对外援助能力的增强,我国对于南南合作的重视和对外提供的援助也在加强。中国气候变化南南合作的第一次正式提出是在 2006 发布的《中国对非洲政策文件》中,该文件第四部分"加强中非全方位合作"中指出,"加强技术交流,积极推动中非在气候变化、水资源保护、防治荒漠化和生物多样性等环境保护领域的合作"。[5] 中国通过与 UNEP、FAO 等开展多边合作,帮助乌干达、蒙古、埃塞俄比亚、尼日利亚、塞内加尔等发展中国家提高适应气候变化能力,为加纳、赞比亚提供新能源和可再生能源技术,并开展了一系列的培训与能力建设,获得广泛赞誉。在 2012 年 6 月举行的联合国可持续发展大会上,时任国务院总理温家宝宣布,中国政府将拨款 2 亿元人民币(约合每年 1000 万美元)开展为期 3 年的气候变化南南合作,支持和帮助非洲国家、最不发达国家和小岛屿国

---

[5] 国务院:中国对非洲政策文件. http://www.gov.cn/gongbao/content/2006/content_212161.htm.

家等应对气候变化。2015年,习近平总书记正式宣布建立200亿元的中国气候变化南南合作基金,在发展中国家建设低碳示范区,开展适应和减缓项目,组织人员培训,赠送节能及气候变化监测预警设备,支持编制应对气候变化政策规划,推广气候友好型技术等,为最不发达国家、小岛屿国家和非洲国家等发展中国家应对气候变化提供资

绿色一带一路:札纳塔斯风力发电项目

金、技术和能力建设支持。中国气候变化南南合作基金的建立，标志着中国主动承担了与自身国情、发展阶段和实际能力相符的国际义务，为《巴黎协议》的达成起到了重要的推动作用，得到了国际社会的高度评价。2015年12月通过的《中非合作论坛约翰内斯堡峰会宣言》和《约翰内斯堡行动计划（2016—2018）》中，重点强调了应对气候

变化南南合作。在"共同建设丝绸之路经济带以及21世纪海上丝绸之路的愿景与行动"中,"一带一路"计划为中国与东亚、南亚、西亚、中亚、东欧等至少55个国家在应对气候变化、低碳发展、适应气候变化基础设施建设和运营等方面的南南合作提供了一个全面合作的框架。

目前,南南合作基金正在有序支持各项合作的推进,尤其是习近平总书记在巴黎气候大会上提出"在发展中国家开展10个低碳示范区、100个减缓和适应气候变化项目及1000个应对气候变化培训名额的合作项目"的开展,为应对气候变化南南合作提供了持续的资金保障。

科技进步是应对气候变化的重要手段。许多发展中国家所处的自然环境、发展阶段以及在发展中所面临的问题具有一定的相似性。研发和推广符合发展中国家国情的气候友好技术,对于增强发展中国家应对气候变化的适应能力,预防和减少灾害带来的不利影响,提高能源使用效率,开发利用清洁能源,促进可持续发展等具有重要作用。为促进发展中国家在以科技应对气候变化领域技术研发、技术转移与技术培训的合作,提高发展中国家应对气候变化的能力,促进可持续发展,科技部中国科学技术交流中心先后出版了两版《南南科技合作应对气候变化适用技术手册》,手册涵盖了可再生能源、农业、林业、废弃物利用、水资源利用、资源环境、防沙治沙、建筑节能减排、工业节能减排、商业和民用节能减排、防灾减灾和卫生健康12大领域139项适用技术。这些成熟技术的推广应用不仅在促进中国节能减排、适应气候变化和改善民生等方面发挥了重要作用,也适合在其他发展中国家推广。此外,为切实推动气候友好技术在发展中国家间的交流,科技部中国科学技术交流中心还建立了国际科技合作信息服务平台,开展信息交流、人员培训、科技合作等方面的工作。

在海洋监测和防灾减灾方面,中国也与周边发展中国家开展了合作。自2008年以来,中国国家海洋局与泰国普吉海洋生物中心开展了一系列项目合作,包括"安达曼季风爆发监测及其社会影响"项目、"海洋预报示范系统"项目、"亚洲季风爆发监测及其社会和生态影响"项目、"海岸带脆弱性合作研究"项目等。2011年12月,中国国家海洋局与泰国自然资源与环境部签署了《中华人民共和国国家海洋局与泰王国自然资源与环境部关于海洋领域合作的谅解备忘录》,就双方进一步促进两国海洋领域的合作达成原则共识。此外,中国也与印尼开展了海洋科技合作。中国国家海洋局第一海洋研究所与印尼海洋与渔业部海洋与渔业研究发展局共同成立了"中国—印尼海洋与气候联合研究中心"。双方还开展了海洋联合观测站建设工作,包括巴东海洋联合观测站、纳土纳岛地震观测站,中方还援助重建了巴厘岛观测站。

在林业方面,近年来,应对气候变化国际进程进一步提升了发展中国家保护森林、可持续经营森林、增加森林碳汇的政治意愿,使他们更加关注森林保护生物多样性、促进社区发展等多种功能。在过去的30年里,中国在开展植树造林、森林经营、林权改革、管理和监测森林资源、治理和监测荒漠化以及土地退化、保护野生动植物等方面都积累了很多经验。中国国家林业和草原局也以此为基础开展了南南合作行动。国家林业和草原局主办的"林业应对气候变化南南合作国际研讨班"在北京开班,来自18个国家及驻华使馆等近60名代表参加了"林业应对气候变化南南合作国际研讨班"开班仪式。

GREEN

第九章

中国积极参与全球环境治理

DEVELOPMENT

全球环境治理是全球实现绿色发展的重要组成部分，习近平总书记提出的"深度全球环境治理"是把握全球环境治理趋势，结合当前中国发展国情，提出的具有中国特色的全球绿色治理新策略。中国无论是出于对自身环境的认识，还是对全球绿色低碳发展的推动，始终坚持正确的义利观与发展观，积极寻求利用环境治理改善优化社会经济发展模式的新途径，为世界做出绿色发展的表率。

一、全球环境治理是实现绿色发展重要途径

自从20世纪下半叶以来，西方工业化国家快速发展所带来的全球性环境问题日益凸显，推动世界各国开展全球环境治理，取得了一些阶段性成果，达成了一系列的全球环境公约，如《保护臭氧层维也纳公约》《消耗臭氧层物质蒙特利尔议定书》《联合国气候变化框架公约》《联合国防治荒漠化公约》《保护野生动物迁徙物种公约》《生物多样性公约》《濒危野生动植物种国际贸易公约》和《水俣病汞公约》，这些公约建构了管理全球自然资源和生态系统的国际环境制度。2015年，联合国成员国通过了《变革我们的世界：2030年可持续发展议程》，这是全球可持续发展的一个里程碑。2030年环境目标的设定和实施将成为未来联合国环境署和其他环境机构的工作重点，也是未来全球治

理的一个道德制高点。[1]2015 年 12 月 12 日在巴黎气候变化大会上通过的《巴黎协定》标志着全球气候治理进入新阶段，为 2020 年后全球应对气候变化行动做出了安排。然而，当前全球环境形势日趋严峻，加之全球环境治理的复杂性、碎片化与紧迫性加剧，全球环境治理的前景仍不乐观。由于规则不具有硬法的效力，一些国家不遵守也不会受到惩罚，再加上逆全球化事件的波及，其不确定性日益增加。

习近平总书记多次在国际场合强调，"当今世界正面临百年未有之大变局，和平与发展仍然是时代主题，然而同时不稳定性不确定性更加突出，人类面临许多共同挑战"。2019 年全球治理面临"治理赤字""信任赤字""和平赤字"和"发展赤字"，全球环境治理领域也受此影响，面临领导力缺失、治理碎片化等问题。[2] 无论是在国际、地区还是国家层面，都应加强联合国《可持续发展议程》（SDGs）、《气候变化巴黎协定》以及《生物多样性公约》《荒漠化公约》等全球环境与发展协议的协同增效。这就要求各国要深度参与全球环境治理，加强政策沟通，增进政治互信，共同维护全球和平稳定，共谋绿色发展，为世界各国创造更多环境公共物品。

"十八大"以来，在以习近平总书记为核心的党中央的领导下，中国推动完善全球环境治理体系创新平台的作用日益凸显，形成了具有中国特色的全球生态治理观。在国际上，中国坚持以发展中的大国

---

[1] 董亮，张海滨. 2030 年可持续发展议程对全球及中国环境治理的影响 [J]. 中国人口·资源与环境，2016, 26(01): 8-15.
[2] 习近平在中法全球治理论坛闭幕式上的讲话，http://news.youth.cn/sz/201903/t20190326_11908165.htm.

身份积极参与全球生态治理，一方面以大国身份积极承担生态环境治理的合理国际责任，另一方面结合自身利益和广大发展中国家的利益争取全球环境治理中的发言权和话语权，积极推动全球环境治理的"共商共建共享"，平衡全球环境治理中的权利与义务；在国内，作为一个拥有近14亿人口的大国，走出一条生产发展、生活富裕、生态良好的文明发展道路，建成富强民主文明和谐美丽的社会主义现代化强国，是我们为解决人类社会发展难题做出的重大贡献，也是为全球环境治理提供的中国理念、中国智慧和中国方案。

二、中国深度参与全球环境治理

2012年以前，全球环境治理的手段主要以联合国等平台制定的公约、协定和规则为指导，各国单独承担治理责任。2012年"里约+20"可持续发展大会之后，能够明显感受到全球环境治理体系建设的加速，以《巴黎协定》的生效、第三届联合国环境大会的召开、《2030年可持续发展议程》的通过为代表的全球环境治理体系新成就，标志着联合国全球环境治理在新时期的发展和进步。[3]

近年来，中国正在借助中非合作论坛、澜沧江—湄公河环境合作、中拉论坛、中国—东盟合作、上海合作组织等多个国际区域组织开展有效的合作，深度参与全球环境治理，弥补联合国等现有机制的不足，

---

[3] 梅凤乔, 包堉含. 全球环境治理新时期：进展、特点与启示 [J]. 青海社会科学, 2018, (04): 60-67.

在聚焦应对气候变化、生物多样性保护、海洋环境治理等全球和区域环境问题方面为推动全球可持续发展、落实联合国2030年可持续发展议程构建了一系列的合作框架和机制。中国提出清洁美丽世界这一构想体现了维护多边主义和建立新型国际关系的总体战略，是立足自身资源与实力的实际，试图健全全球环境治理体系，构建新型全球环境话语权的积极尝试。

通过中非合作论坛加强中非间的绿色发展合作。中非合作论坛成立于2000年10月，目前已成为中非集体对话与务实合作的有效机制，也是中非环保合作的重要平台。历届中非论坛成果中都有生态环境合作相关内容，涵盖了国际环境公约履约、森林生态保护、资源能源可持续利用、环境监测、清洁能源、环境基础设施、清洁水、野生动植物保护、荒漠化等诸多领域。作为中非合作论坛框架下的合作领域之一，中非环境合作目前已经取得了积极进展。中国已与南非、摩洛哥、埃及、安哥拉、肯尼亚等国家签订了双边环境保护协定，就双方优先合作领域达成了共识。中非双方积极开展了相应的环境政策对话及人力资源环境培训计划。同时，中国对非洲环境援助已在市政环境治理、气候变化与清洁能源等领域取得实效。具体来说，有以下四个方面。

一是搭建了中非生态环境合作平台。2015年12月，在中非合作论坛约翰内斯堡峰会开幕式上，习近平总书记发表题为《开启中非合作共赢、共同发展的新时代》的重要讲话，宣布未来三年将成立中非环境合作中心，在南南环境合作框架下推动中非绿色创新计划，促进中国与非洲国家在环境技术与产业领域的合作交流。2018年9月3日至4日中非合作论坛北京峰会召开前夕，由中国生态环境部、肯尼亚环境部及联合国环境规划署三方联合共建的中非环境合作中心临时秘书处已于8月17日挂牌成立，为中非环境合作搭建了重要合作平台，标志着中非环境合作进入了新阶段。中非环境合作中心作为支持实施《2030年可持续发展议程》和非洲《2063年议程》的促进机制，将加强中国与非洲国家、国际组织等相关机构之间的合作伙伴关系，推动南南环境合作。

二是推动多方参与政策交流与对话。自2015年起，生态环境部指导和支持举办了多期中非环境合作政策对话活动，围绕绿色发展、减贫、生态系统等主要议题，增进了中非以及相关研究机构、企业、金融与发展机构、国际组织的对话沟通，为建立广泛的中非环境合作伙伴关系，探索中非环境合作路径进行了有益探索。此外，生态环境部还组织了多次非洲国家记者座谈会，针对非洲记者关注的重点环境议题进行了深入交流，促进了民心相通。2015年的约翰内斯堡峰会通过了《中非合作论坛约翰内斯堡峰会宣言》和《中非合作论坛—约翰内斯堡行动计划（2016—2018年)》两个重要文件。2018年北京峰会通过了《关于构建更加紧密的中非命运共同体的北京宣言》和《中非合作论坛—北京行动计划（2019—2021年)》两个重要成果文件。

三是持续开展能力建设活动。自2005年至今，在中非合作论坛推动下，利用中国政府的援外资金，由中国商务部举办、生态环境部等相关机构承办的中非环境管理研修班迄今在北京已成功举办40余期，培训了来自非洲大陆的 700 多位政府官员。[4] 中非环境培训主题涉及水污染和水资源管理、生态保护管理、环境管理、城市环境管理和环境影响评价管理等广泛的生态环境保护领域。培训班不仅获得了参训学员的充分肯定，更得到了国际社会的普遍认可，被联合国环境规划署誉为南南合作的典范。2018 年的中非合作论坛北京峰会提出要开展中非绿色使者计划，在环保管理、污染防治、绿色经济等领域为非洲培养专业人才。

四是实施对非环境援助与技术交流。党的十八大以来，中国与非洲国家间在推动绿色发展领域的双边合作项目已频繁展开。中国已在塞内加尔、马里、尼日尔等国农村推广使用太阳能集热器，取得了较好的经济效益。中国与突尼斯、几内亚等国家开展了沼气技术合作，为喀麦隆、布隆迪、几内亚等国援建水力发电设施，与摩洛哥、巴布亚新几内亚等国开展太阳能和风能发电方面的合作。为落实《中非合作论坛—约翰内斯堡行动计划（2016—2018 年）》提出的深化中非在应对气候变化相关领域合作，中国生态环境部、商务部等相关部门共同完成了百余项清洁能源和野生动植物保护项目、环境友好型农业项目和智慧型城市建设项目。

澜沧江—湄公河环境合作是中国与东盟之间的合作。澜沧江—湄公河流域处于经济发展和减贫的重要时期，快速的经济发展使得粮食、能源等的供应加大，给区域内环境和生态系统带来了巨大的压力。

---

[4] 周国梅, 张洁清, 卢笛音, 陈雅翔来. 推进中非环境合作 促进可持续发展. 中国环境报, 2018-09-04.

2016年3月23日，澜沧江—湄公河合作首次领导人会议在中国海南三亚召开，标志着澜沧江—湄公河合作机制正式启动。[5] 澜沧江—湄公河合作的共同愿景是促进澜湄国家经济社会发展，增进各国人民福祉，缩小本区域国家发展差距，支持东盟共同体建设，并推动促进南南合作，落实《联合国2030年可持续发展议程》。澜沧江—湄公河合作首次领导人会议提出共同设立澜沧江—湄公河环境合作中心。2017年11月28日，澜沧江—湄公河环境合作中心正式成立。澜沧江—湄公河国家将以"成果落实，合作建设"为导向，积极推动澜沧江—湄公河环境合作中心的发展，增进政策对话与交流合作，确定澜沧江—湄公河环境保护合作战略。2018年1月10日，澜沧江—湄公河合作第二次领导人会议在柬埔寨金边举行，会议发布了《澜沧江—湄公河合作五年行动计划（2018—2022）》，正式提出制定《澜沧江—湄公河环境合作战略（2018—2022）》，以解决区域各国共同面对的环境问题，推动实现生态环境保护和可持续发展的目标。

澜沧江—湄公河环境合作中心主要依托"绿色澜湄计划"项目开展活动。推动澜沧江—湄公河环境合作的主要优先领域为：环境政策对话与合作，环境能力建设，生态系统管理与生物多样性保护，气候变化适应与减缓，城市环境治理，农村环境治理，开展区域环境友好型技术与环境产业交流合作，环境数据与信息管理，环境教育与公众环境意识。

---

[5] 中国—东盟环境保护合作中心，http://www.chinaaseanenv.org/lmzx/zlyjz/lmhjhzzl/201711/t20171106_425930.html.

澜沧江—湄公河环境合作将主要采取多边合作形式开展，在具体领域中也可适当开展双边合作。合作主要采取研讨会、培训、交流、项目示范、联合研究等形式，同时鼓励国际与地区组织、地方机构、企业、非政府组织等参与合作，拓展和提升澜沧江—湄公河环境合作的广度与深度。澜沧江—湄公河环境合作的主要机构有两类，一是来自柬埔寨、中国、老挝、缅甸、泰国和越南的澜沧江—湄公河国家环境主管部门，他们是实施本合作战略的指定官方联络点，将为实施本合作战略提供指导和支持；二是澜沧江—湄公河环境合作中心，其负责合作战略实施的日常联络，与澜沧江—湄公河国家相关机构一道，实施合作战略中所确定的优先合作领域。

中国和拉美地区之间的环境合作也取得了显著成效。中华人民共和国—拉美和加勒比国家共同体论坛（中拉论坛）成立于2014年，为中国和拉丁美洲国家彼此凝聚共识、开展广泛的合作搭建了重要平台。双方合作潜力得到充分释放，多领域合作项目快速推进，整体合作水平不断提高。[6]2015年1月，首届中拉论坛部长级会议召开，通过了《中国与拉美和加勒比国家合作规划（2015—2019年）》，其中包括中国与拉共体将在南南合作框架下开展气候变化领域合作，包括向有关国家推广低碳、节能、可再生技术；在生物多样性保护、海岸生态系统保护、保护区管理、环境友好技术、水资源保护、荒漠化治理、污染控制与治理等领域加强合作，共同提高环境保护能力。[7]中拉论

---

[6] 王慧芝. 中拉论坛建设成就、问题及前景 [J]. 当代世界, 2018, (09): 53-56.
[7] 中国与拉美和加勒比国家合作规划（2015—2019）. 新华网, http://www.xinhuanet.com/world/2015-01/09/c_1113944648.htm.

坛第二届部长级会议于2018年1月21日至22日在智利圣地亚哥举行，会议通过了《中国与拉共体成员国优先领域合作共同行动计划（2019—2021）》，其中关于环境合作的主要内容有六个方面。[8]

一、加强中国与拉美和加勒比国家在生物多样性保护和可持续利用领域，包括森林可持续经营、野生动植物保护、湿地保护和可持续利用、防止荒漠化等方面的政策对话。二、做出必要努力，在《联合国气候变化框架公约》下推动有效落实《巴黎协定》，以支持可持续发展和减贫努力。三、在南南合作框架下，推动应对气候变化合作，包括采取行动提高减缓与适应能力，以增强应对气候变化不利影响的韧性。四、敦促发达国家在全球应对气候变化中作出表率，履行为发展中国家落实减排目标提供支持手段的承诺，特别是提供资金、技术转让和能力建设方面的支持，推动实现在《联合国气候变化框架公约》及其《京都议定书》框架下的2020年前减排目标。五、在有关合作协议框架下，加强海岸生态系统保护、海洋灾害防控、卫星资料获取、海洋和水资源保护和可持续利用、污染控制与治理等领域协作，共同提升环境保护能力。六、推进与中拉论坛成员国开展与生态效率、清洁技术、清洁和可再生能源等领域公共政策实施有关的培训，依照《2030年可持续发展议程》，推动在社会、经济和环境三个维度实现可持续发展。

---

[8] 中国与拉共体成员国优先领域合作共同行动计划（2019—2021）. 中华人民共和国驻新加坡共和国大使馆, https://www.mfa.gov.cn/ce/cesg/chn/jrzg/t1531472.htm.

中国—东盟环境合作为南南环境合作做出了贡献

中国—东盟环境合作是中国—东盟合作框架下的优先合作领域之一，受到中国和东盟各成员国的高度重视。中国—东盟环境合作论坛是中国和东盟之间开展环境政策高层对话、推动务实合作和交流的重要平台。论坛主要围绕中国—东盟共同关注的环境问题，邀请中国和东盟成员国、国际组织、非政府组织等的决策者、企业家、专家学者参加。

温家宝总理2007年11月提出中国将成立中国—东盟环保合作中心，建议双方共同制定环保合作战略，推动相关合作。2007年11月，时任中国总理温家宝在第十一次中国—东盟领导人会议上提议成立中国—东盟环保合作中心并制订合作战略。2009年，中国和东盟制定并通过了《中国—东盟环境保护合作战略2009—2015》，确定了合作目标、原则和六大优先合作领域。2010年，原中国环境保护部成立了中国—东盟环境保护合作中心。2011年，中国和东盟制定并通过了《中国—东盟环境合作行动计划（2011—2013）》。2013年，双方制定并通过了《中国—东盟环境合作行动计划（2014—2015）》。在合作战略及其行动计划框架下，中国与东盟在高层政策对话、中国—东盟绿色使者计划、生物多样性和生态保护、环保产业与技术、联合研究等方面开展了各种合作活动。

2016年5月，中国和东盟成员国通过了《中国—东盟环境保护合作战略（2016—2020）》。《中国—东盟环境保护合作战略（2016—2020）》包含九大具体领域，包括政策对话交流，环境数据与信息共享，环境影响评价，生物多样性与生态保护，环境产业技术促进绿色发展，环境可持续城市，环境教育与公众意识，还有机构和人员能力建设以及联合研究。《中国—东盟环境合作战略（2016—2020)》的总体目标是通过采取协调和综合方法，加强中国—东盟在环境保护优先领域的合作，实现区域环境可持续性。《中国—东盟环境合作战略（2016—2020)》的具体目标如下：(1) 就共同关心的环境问题加强高层政策对话，增进理解，加强合作，确保中国和东盟的利益协调；(2) 加强环境保护的对话与合作；(3) 通过分享知识和经验以及采取联合行动，提高国家和区域环境管理能力；(4) 加强优先领域的合作，提高合作的有效性和质量，为区域和南南环境合作提供良好实践；(5) 支持东盟共同体后 2015 愿景。

上海合作组织环境合作是推动全球环境治理的重要力量

上海合作组织是 2001 年我国和哈萨克斯坦共和国、吉尔吉斯斯坦共和国、俄罗斯联邦、塔吉克斯坦共和国、乌兹别克斯坦共和国发起成立的永久性政府间国际组织。上合组织现在已拥有 8 个成员国、4 个观察员国、6 个对话伙伴国，经济和人口总量分别占到全球的 20% 和 40% 以上。上海合作组织成员国生态环境问题合作的诉求强烈，主要有两方面原因。首先，生物多样性较低，生态环境较为脆弱。上合组织 8 个成员国涵盖的总人口超过 31 亿，占全球的 40%；GDP 总量超 16 万亿美元，占全球的 20% 以上。如此大体量的区域合作组织，拥有多元化的生态系统，包括沙漠、高原、海洋以及草原等，各国和不同区域之间差别较大，一些国家、地区森林资源匮乏、荒漠化情况严重，生物多样性较低，生态环境较为脆弱。例如中亚五国的人均森林面积仅为 0.18 公顷 / 人（世界平均水平 0.57 公顷 / 人），森林覆盖率仅为 3.03%（世界平均水平 30.85%），荒漠化率为 15.53%（世界平均水平为 10.54%），与世界平均水平都有较大的差距。其次，生态环保不同步。上合组织的成员国、观察国和对话伙伴国大多都还属于发展中国家，国家经济发展水平不高，需要以发展经济、改善国民生活水平为主要任务，因此往往对矿产资源、水资源的开采与消耗非常大，但同时，对环保的重视程度和投入力度相对缺乏，对自然的保护水平较低，未与经济发展相协调。[9]

2018 年 6 月上海合作组织成员国元首理事会会议青岛峰会，可谓规模最大、级别最高、成果最多，创造了一系列上合组织的纪录。青岛峰会是上合扩员后首次召开的峰会，会上通过了《上海合作组织成员国元首理事会青岛宣言》。《宣言》指出，"成员国基于维护上合组织地区生态平衡、恢复生物多样性的重要性，为居民生活和可持续发展创造良好条件，造福子孙后代，通过了《上合组织成员国环保合作构想》。"同时，"成员国将继续在文化、教育、科技、卫生、旅游、民族手工艺、环保、青年交流、媒体、体育等领域开展富有成效的多边和双边合作。"文件确立了致力于维护生态平衡、实现绿色和可持续发展的战略目标，同时针对保护上合组织国家境内生态平衡、维护良好生态环境提出了系列措施。

---

[9] 聂莹. 切实将绿色发展理念融入上合组织的合作中. 光明网，http://theory.gmw.cn/2018-06/22/content_29398935.htm.

国家主席习近平作为主席国元首发表讲话并指出，要提倡创新、协调、绿色、开放、共享的发展观，践行共同、综合、合作、可持续的安全观，秉持开放、融通、互利、共赢的合作观，树立平等、互鉴、对话、包容的文明观，坚持共商共建共享的全球治理观。同时，他强调，"要积极落实成员国环保合作构想等文件"。青岛峰会举办前夕，上海合作组织成员国之间也在北京签署了相应的协议，推进双边环境合作进程。其中，在《中华人民共和国和俄罗斯联邦联合声明》中，中俄双方认为，两国总理定期会晤及其框架下的 5 个政府间副总理级委员会、相应分委会和工作组的工作富有成效，将致力于深化该机制发展，提高工作效率。同时双方强调，应继续共同努力，确保两国务实合作，其中包括"保持两国尤其是两国边境地区在环境和生态保护方面的沟通协作"，"共同推进落实《变革我们的世界：2030 年可持续发展议程》"。中国和哈萨克斯坦两国元首共同签署了《中华人民共和国和哈萨克斯坦共和国联合声明》。《声明》指出"双方将充分发挥中哈总理定期会晤机制在统筹规划和推动两国务实合作方面的重要作用，保持中哈合作委员会高效运转，推动两国务实合作提质升级"。双方同意继续提高合作水平，"加强并拓展环保领域合作"。同时，"双方将在平等、睦邻和互利原则基础上，巩固和深化两国跨界河流领域的保护和利用合作。"国家主席习近平和吉尔吉斯共和国总统共同签署了《中华人民共和国和吉尔吉斯共和国关于建立全面战略伙伴关系联合声明》。《声明》指出，"双方将进一步扩大文化、教育、卫生、科技、体育、旅游、环保、考古等人文领域合作"，"双方将重点加强在出入境动植物检验检疫、动植物疫病防控、食品加工、灌溉、土壤改良、清洁饮用水保障、污水处理、畜牧养殖、农业机械和人员培训等领域合作。"同时,"双方将继续加强在联合国、上海合作组织、亚信等多边机制框架内的相互支持与合作。"

三、为全球环境治理做出中国贡献

党的十八大以来,中国为应对全球环境问题提出了以"人类命运共同体"理念为基础的"中国方案",在承认经济全球化使人类面临诸如气候变化、能源短缺、恐怖主义等全球性利益相关、命运与共的问题时,也肯定了不同民族国家由于各自不同发展阶段和历史文化传统的不同而形成各自特殊利益的合理性,主张通过协商对话、共同发展的方式,而不是弱肉强食的霸权方式,来解决人类的共同利益和民族国家的特殊利益的矛盾。习近平总书记在党的十九大报告中,提出"我国生态环境治理明显加强,环境状况得到改善,成为全球生态文明建设的重要参与者、贡献者、引领者",还明确提出要"增强我国在全球环境治理体系中的话语权和影响力",体现了我国有实力且有意愿参与全球环境治理,和其他国家一同推动全球环境治理的发展。中国深度参与全球环境治理的贡献主要体现在以下三个方面。

第一,提出义利兼顾的全球环境治理观。中国积极承担作为全球环境治理核心国家的责任,协同推进国内、国际环境治理,形成了义利兼顾、义利平衡的环境治理观。这就意味着全球环境治理应该有利于照顾各国国情,讲求务实有效,要求通过对话协商和共同发展的方式,以"环境正义"为价值诉求,在合理协调不同民族国家生态利益的基础上，各民族国家遵循"共同但有区别责任"的原则展开全球生态治理。它超越了生态中心主义的"深绿"思潮、现代人类中心主义的"浅绿"和生态学马克思主义的"红绿"思潮和以资本为基础的处理各国利益关系的霸权逻辑，为如何开展当代全球环境治理指明了方向。[10] 这也意味着发达国家应当承担全球治理的更多责任，并向发展中国家提供环境治理必要的资金和技术，从而使发展中国家获得解决环境问题的能力。

第二，为全球发展中国家绿色转型提供值得推广的经验。在"十九大"报告中，习近平总书记提出"生态文明制度体系加快形成，主体功能区制度逐步健全，国家公园体制试点积极推进。全面节约资源有效推进，能源资源消耗强度大幅下降。重大生态保护和修复工程进展顺利，森林覆盖率持续提高。生态环境治理明显加强，环境状况得到改善。"中国在全球环境治理方面的声音和影响均有国内环境保护工作的深厚基础。比如中国在气候变化议题中坚定立场的背后是国内大力推进可再生能源、努力降低碳排放、积极化解过剩产能、稳步推进产业结构调整等多项战略和举措；中国在第二届联合国环境大会上所发布的两份报告取得极大影响力的背后是中国生态文明建设的全面推进和北京市长期治理空气污染所积累的宝贵经验；2017年《防治荒漠化公约》第十三次缔约方大会所肯定的"库布其模式"是中国30年坚持治沙的成果。

---

[10] 王雨辰. 人类命运共同体与全球环境治理的中国方案 [J]. 中国人民大学学报, 2018, 32(04): 67-74.

第三，提出全球生态治理要以提高民生福祉为中心的衡量标准。习近平总书记强调，实现共同发展、共同繁荣是解决全球环境问题的正确途径，把全球环境治理与可持续发展、改善民生有机结合起来，是以"人类命运共同体"理念为基础的"中国方案"的突出特点。在习近平总书记看来，全球环境治理不仅与发展中国家消除贫困不矛盾，而且还是相辅相成的关系。生态环境问题是关系到民生的重大政治问题和社会问题，良好的生态环境是最普惠的民生福祉，生态治理和生态文明建设必须坚持以人民对美好生活追求的需要为中心和目的。这就要求全球环境治理要以民生发展项目为导向，通过将环境治理与民生发展相结合，在保护生态环境的同时，优先改善居民生产生活条件，提高居民生活环境质量。

GREEN

第十章

共谋全球绿色发展之路

DEVELOPMENT

中国政府已将建设生态文明作为中华民族永续发展的千年大计，面对纷繁复杂的世界格局，中国更应加强生态环境治理、改善生态环境条件，争做全球生态文明建设的重要参与者、贡献者和引领者。习近平总书记在2018年生态环境保护大会上发表讲话，明确提出了加强生态文明建设所必须坚持的六大基本原则。其中第六项——"共谋全球生态文明建设"原则，作为符合全球各国生态环境共同利益的建设原则，应当由国际社会共同参与、携手同行，构建尊崇自然、绿色发展的经济结构和产业体系，解决工业文明带来的矛盾，共谋全球生态文明建设之路，实现世界的可持续发展和人类的全面发展。

一、"共谋、共建、共赢"是全球绿色发展的目标

  全球生态环境危机是威胁全人类可持续发展的首要危机，其实质是人类思维方式危机和价值观危机。人类在经济社会高速发展的过程中，牺牲生态环境换取发展权益，造成诸如全球气候变暖等一系列环境问题。任何一个国家或组织都不能够独自领导这种全球范围的环境治理行动。由于生态治理成本外部经济的性质，各国往往在全球环境治理上力图逃避责任，形成零和博弈的态势，导致各国纷纷消耗更多的生态资源发展经济，从而导致各国利益不断受损。这种状况如果持

续得不到转变，就会演变成"公地悲剧"，势必会对全球生态环境造成不可逆转的影响。为此，中国采取了一系列行动。

中国积极应对气候变化，实现《巴黎气候变化协定》目标。作为全球生态文明建设的重要参与者和引领者，中国将不断提高在全球气候治理中的话语权，推动和引导建立公平合理、合作共赢的全球气候治理体系。通过国际气候谈判积极开展各国在全球气候治理中的对话和合作，积极落实国际社会达成的气候公约和协定。加强对国际环境治理活动提供资金和技术支持，加强与各国法律法规的对接，在符合各项法规的基础上积极通过对话的方式调节制度性的矛盾。

中国为增强绿色价值理念认同，积极推进"一带一路"绿色基础设施建设。绿色发展是全新的发展观、价值观、财富观和民生观。"一带一路"沿线国家和地区情况复杂，自然资源状况和经济社会情况差异巨大，增强绿色发展价值观的认同感十分重要。绿色发展是一种思想观念，是一种发展方式，也是一种责任担当。以"一带一路"倡议为依托，积极贡献中国力量。与多数"一带一路"沿线国家相比，中国在生态文明建设方面的优势在于积累了更多经验。中国既有在经济快速发展阶段引发的环境问题，也有绿色发展的区域成功案例。因此，要将生态文明体系建设和实施"一带一路"倡议中各项跨国界的互联互通项目相结合，向"一带一路"沿线的大多数新兴经济体和发展中国家分享中国先进的环保技术和实用理念。通过加强环境政策交流对话、推动环境产业与技术信息交流合作、开展环境问题联合研究等多种形式，深化多边环境合作。实施绿色使者计划，在环保管理、污染防治、绿色经济等领域培养专业人才，加强能力建设，促进各国绿色发展。积极与相关国家互助合作，开展造林绿化，共同改善环境，为维护全球生态安全贡献中国力量。

"一带一路"沿线国家要积极参与，发挥自身优势，共同构建保障生态安全的体制机制，主动借鉴在基础设施绿色化建设上具有丰富经验国家的实践经验，不断提高资源配置效率和项目推进精度，共享各国在项目建设中实现绿色建设的实践经验和技术手段，并组建由沿线国家政府、科研单位、社会组织共同参与的生态环境保护交流合作组织，不断推出绿色基础设施建设创新成果。为推进跨境工程建设绿色化提供经验和技术支持，积极探索与周边各国相协调的在生态补偿、节能环保技术研发等方面的法律法规和推进生态友好型和环境适应型项目工程建设。

中国深度参与全球环境治理，积极落实联合国《2030年可持续发展议程》。习近平总书记的生态文明建设思想与联合国《2030年可持续发展议程》的理念高度契合，且中国也已对世界做出郑重承诺，表示愿意积极落实《2030年可持续发展议程》，为全球可持续发展贡献自己的力量。作为全球第二大经济体和最大的发展中国家，中国对《2030年可持续发展议程》的推动始终抱以积极、开放的态度。习近平总书记所提出的全球生态文明建设思想，更是中国推动《2030年可持续发展议程》落实的重要途径和手段。臭氧层空洞、气候变化、生物多样性破坏等问题是全球性的问题，类似生态环境问题不是哪一国能单独面对的问题，不能只靠某一个国家来解决。为实现2030年可持续发展目标，世界各国必须协商合作，依靠国际社会的力量应对全球环境和资源危机。充分发挥国际组织的主体性作用，各国应积极参与国际环境保护组织和活动，自觉承担起自身维护全球生态安全的责任和义务。国际环境保护组织的成员要积极开展高效的交流与合作，积极组织跨区域、跨流域等的大型生态治理活动，提高组织运转效力和在推进全球生态环境保护中的主体作用。习近平总书记全球生态文明建设理念的提出，正是中国全球视野和大国担当的体现。

二、中国共谋全球绿色发展之路的时代价值

近年来，"绿色发展"已成为全球各国普遍认可并追求的发展模式，在此背景下，中国"生态文明建设"思想的提出具有重要的时代价值。

中国历来高度重视国际合作。在涉及全球各国共同利益的问题上，加强国际合作是最为切实有效的方法。进入21世纪以来，随着经济全球化、文化多元化、社会信息化的不断深入，世界各国的联系上升到新的高度，各个国家不再作为一个独立的个体存在，各国的利益和命运更加紧密地联系在一起，越来越多的全球性问题与挑战需要各国通力合作来共同应对。而生态环境领域作为重要的全球公共领域之一，迫切需要世界各国的全体参与。习近平总书记曾多次在国际讲话中呼吁西方大国坦诚面对历史责任与现实义务，督促发达国家尽早落实对发展中国家气候友好型技术的援助义务，通过绿色援助保障地球村生态环境的整体优化。

联合国大会正式通过的《2030年可持续发展议程》于2016年1月1日正式启动。该议程在统筹兼顾各项发展诉求的基础上，从经济、社会和环境三方面确定了可持续发展目标，提出要"实现可持

续、包容和持久的经济增长","建立和平、公正和包容的社会","永久保护地球及其自然环境"。[1]《2030年可持续发展议程》还强调"所有国家和所有利益攸关方将携手合作，共同执行这一计划"，由此将世界各国联系在了一起，明确了各国在实现2030年可持续发展目标中的不可推卸的责任和义务。由此可见，中国推进生态文明建设的实践是对《2030年可持续发展议程》的进一步深化，在明确了世界各国在生态环境问题上的共同利益基础上，为进一步改善全球生态环境指明了方向。

此外，为有效实现各国互利共赢、共同发展，中国在2013年提出了"一带一路"倡议，其在目标、原则、实施路径等方面与联合国《2030年可持续发展议程》高度契合，得到了国际社会的积极响应和支持。秉持共商、共建、共享原则，"一带一路"倡议在推进"全球生态文明建设"中也起到了重要作用。一方面，通过建立"一带一路"生态环保大数据服务平台、"一带一路"绿色发展国际联盟以及开展绿色丝路使者计划等方式，促进了中国生态文明建设经验的分享，为中国绿色技术和绿色标准"走出去"起到了推动作用。另一方面，中国可在建设"一带一路"过程中不断探索、积累经验，为深度参与全球环境治理打下更为坚实的基础。

---

[1] 变革我们的世界：2030年可持续发展议程. 外交部，2016-01-13. https://www.fmprc.gov.cn/ziliao_674904/zt_674979/dnzt_674981/qtzt/2030kcxfzyc_686343/201601/t20160113_9279987.shtml.

三、中国共谋全球绿色发展的探索与展望

进入20世纪60年代,工业发达国家自身也在思考传统工业文明导向下经济发展的极限以及是否可持续的问题,西方学界从自然、环境和哲学的不同角度,对工业文明提出了质疑和批判。古典经济学家马尔萨斯、穆尔和新古典经济学家马歇尔、索洛以及生态经济学家戴利都从不同角度思考了增长极限的问题,但至今也没有找到解决西方工业文明根本性矛盾的方法。

中国共谋全球绿色发展之路就是一场涉及生产方式、生活方式、思维方式和价值观念的革命性变革,要实现这种变革就要拓展绿色、低碳的生产力空间和人文发展空间,寻求生态文明发展范式下的增长与繁荣。要实现生态文明发展范式下的增长不仅要顺应自然,尊重人与自然和谐的边界约束,避免各种超越极限、违背规律的增长,使经济发展回归到自然容量的范围之内,更要积极利用自然、改造自然,以最小化的资源、环境投入实现最大化产出,形成人与自然、环境与社会、人与社会和谐共荣。此时,人类与自然不是统治与被统治,而是相伴相生,相互制约与促进的关系。人类应当从平等、科学的社会伦理角度出发,尊重和爱护自然,崇尚绿色、健康、低碳、品质的消费,与"绿水青山"相容,形成文明进步、富足和可持续的生态繁荣社会。[1]

随着人类技术的进步,通过规范生态文明的制度建设,严守生态红线,实行生态补偿、改善生态环境管理,保障生态安全,充分吸

---

[2] 潘家华,禹湘.中华民族永续发展的坚实支撑.人民日报,2016-10-12.

取工业文明的精华，摒弃工业文明的固有的弊端，实现生态增长，形成一个有边界、充满活力的恒态经济体是完全可以实现的。因而，中国绿色发展的方向，只能是调整结构，修复生态，提升品质，通过真实的增长，生态和谐的增长，迈向人与自然和谐。

中国对绿色发展之路的探索不仅仅是实现中国自身的绿色发展，更是对全球生态安全的贡献。中国生态文明建设的理论与实践，不仅具有中国特色，更具有普世意义。中国"十三五"规划中提出的"创新、协调、绿色、开放、共享"五大发展理念向全世界表明了中国应对气候变化、实现绿色发展的务实态度与坚定决心，中国的绿色低碳转型特征与模式也将为全世界提供示范。

当今社会，各国互相依存，休戚与共，中国生态文明建设不仅关系中国人民的福祉，关乎中华民族的未来，也是对全球生态环境安全和世界经济可持续发展的贡献。中国对绿色发展之路的探索经验可为其他国家走绿色、低碳的可持续发展道路提供有益借鉴。在打造全球命运共同体的过程中，共同致力于实现世界的可持续发展和人类的全面发展。

参考文献

[1] 阮晓菁，郑兴明. 论习近平生态文明建设思想的五个维度 [J]. 中国化马克思主义研究，2016，(11).

[2] 王雨辰. 生态文明的四个维度与社会主义生态文明建设 [J]. 社会科学辑，2017，(1).

[3] 陈俊，张忠潮. 习近平生态文明思想：要义、价值、实践路径 [J]. 中共天津市委党校学报，2016，(6).

[4] Paul Hawken, Amory Lovins,Hunter Lovins. Natural Capitalism: Creating the Next Industrial Revolution[M]. Back Bay Books, 1999.

[5] Jon Duncan. Is green growth the end of capitalism?[ER/OL]. https://www.businesslive.co.za/bd/opinion/is-green-growth-the-end-of-capitalism/, 2017-02-02.

[6] Christopher Wright and Daniel Nyberg. 'Green capitalism' is a myth[ER/OL]. http://www.businessinsider.com/green-capitalism-is-a-myth, 2015-09-20.

[7] 郭静. 生态文明建设需要超越资本逻辑 [N]. 中国社会科学报，2013-6-23.

[8] 潘家华. 提供生态产品 增值生态红利 [N]. 经济参考报，2017-10-23.

[9] 习近平. 决胜全面建成小康社会 夺取新时代中国特色社会主义伟大胜利 [N]. 人民日报，2017-10-28.

[10] 范正伟. 新思想，贯穿十九大报告的灵魂 [N]. 人民日报，2017-10-19.

[11] John Bellamy Foster. Maximums, Ecological Civilization and China[ER/OL]. https://mronline.org/2015/06/12/foster120615-html/, 2015-06-12.

[12] Arran Gare. From 'Sustainable Development' to 'Ecological Civilization': Winning the War for Survival[J]. Natural and Social Philosophy, 2017, (13).

[13] Cribb Julian. Green China: In pursuit of rebuilding as 'an ecological civilization' [ER/OL]. https://mahb.stanford.edu/blog/green-china/, 2017-06-13.

[14] 习近平. 在中共十八届四中全会第一次全体会议上上关于中央政治局工作的报告. 2014-10-20.

[15] 习近平. 在2018年全国生态环境保护大会上的讲话. 2018-05-18.

[16] 弗里德里希·冯·哈耶克. 自由秩序原理（上）. 邓正来, 译. 北京: 三联书店, 1997: 300.

[17] 戴维·赫尔德. 民主的模式. 燕继荣等, 译. 北京: 中央编译出版社, 2004: 383.

[18] 约瑟夫·拉兹. 法律的权威: 法律与道德论文集. 朱峰, 译. 北京: 法律出版社, 2005: 26.

[19] 马克思恩格斯全集（中文1版）[M]. 北京: 人民出版社, 1979: 256.

[20] 习近平. 在党的十八届四中全会第二次全体会议时的讲话. 2014-10-23.

[21] 巩固. 环境伦理学的法学批判——对中国环境法学研究路径的思考. 北京: 法律出版社, 2015.

[22] 沈宗灵. 现代西方法理学. 北京: 北京大学出版社, 1992: 255.

[23] 卡尔·雅斯贝斯. 历史的起源与目标. 魏楚雄、俞新天, 译. 北京: 华夏出版社, 1989: 11.

[24] 姬振海. 生态文明论. 北京: 人民出版社, 2007: 16.

[25] 吕忠梅. 中国生态法治建设的路线图. 中国社会科学, 2013,（05）.

[26] 常纪文. 我国生态环境法治的发展历程. 中国环境报, 2014-10-28（002）.

[27] 余谋昌. 生态文化论. 河北：河北教育出版社，2001：326-328.

[28] 吴舜泽，刘越，俞海. 贯彻落实全国生态环境保护大会精神加快建设美丽中国——全国生态环境保护大会三大成果的理论思考[J]. 环境保护，2018，(11)：11-16.

[29] 鄂英杰. 论环境保护目标责任制——环境保护目标责任制之立法的几点建议[C]// 2007年全国环境资源法学研讨会. 2007.

[30] 鄂英杰. 完善环境保护目标责任制的几点建议[J]. 科技创新导报，2008，(36)：105-105.

[31] 武国春. 灾害救助的社会学研究——印尼、中国、日本案例比较. 北京：北京大学出版社，2014.

[32] 梶秀樹、塚越功. 都市防灾学（改订版）. 日本学芸出版社，2013.

[33] 西澤雅道、筒井智士. 地区防災計画制度入門. 日本NTT出版株式会社，2014.

图书在版编目 (CIP) 数据

中国的绿色发展 / 禹湘，庄贵阳编著
. —北京：外文出版社，2023.4
（辉煌中国）
ISBN 978-7-119-13304-1

Ⅰ.①中… Ⅱ.①禹… ②庄… Ⅲ.①绿色经济－
经济发展－研究－中国 Ⅳ.① F124.5

中国版本图书馆 CIP 数据核字 (2022) 第 223611 号

出版指导：陆彩荣
出版统筹：胡开敏
责任编辑：焦雅楠
图片来源：视觉中国　东方网　等
装帧设计：北京正视文化艺术有限责任公司
印刷监制：章云天

中国的绿色发展

禹湘　庄贵阳　编著

©2023 外文出版社有限责任公司

出 版 人：	胡开敏
出版发行：	外文出版社有限责任公司
地　　址：	中国北京西城区百万庄大街 24 号　　邮政编码：100037
网　　址：	http://www.flp.com.cn　　电子邮箱：flp@cipg.org.cn
电　　话：	008610-68320579（总编室）
	008610-68996181（编辑部）
	008610-68995852（发行部）
印　　刷：	北京盛通印刷股份有限公司
开　　本：	710mm×1000mm　1/16
字　　数：	150 千字　印　张：13.5
装　　别：	平装
版　　次：	2023 年 4 月第 1 版第 1 次印刷
书　　号：	ISBN 978-7-119-13304-1
定　　价：	68.00 元

版权所有　侵权必究　如有印装问题本社负责调换（电话：010-68329904）